괘씸한 철학 번역

코디정 | 언어활동가, 작가, 편집자, 변리사, 칸트의 〈순수이성비판〉을 우리말로 번역하고 있다. 유튜브 〈코디정의 지식채널〉을 운영한다.

괘씸한 철학 번역
어째서 철학자들은 식민 유산을 고집하는가
당신이 혼자 힘으로 고전을 읽지 못하는 이유

발행일 | 2023년 9월 15일 1판 1쇄

지은이 | 코디정
편집 | 마담쿠, 코디정
디자인 | 김하린
마케팅 | 우섬결
보자기 아트 | Machitori Masayo

펴낸곳 | 이소노미아
　　　　서울시 종로구 율곡로 2길7 서머셋팰리스 303호
　　　　T | 010 2607 5523　F | 02-568-2502
　　　　Contact | h.ku@isonomiabook.com
펴낸이 | 구명진

ISBN 979-11-90844-38-3 | 93100

괘씸한 철학 번역

코디정 지음

어째서 철학자들은 식민 유산을 고집하는가?
당신이 혼자 힘으로 고전을 읽지 못하는 이유

언젠가 대한민국에서도
세계적인 철학자가 나타나기를 희망하며

철학이 어렵고
인문학이 삶에 도움이 안 되는 까닭은
평범한 한국어를 사용하지 않기 때문입니다

목차

괴씸한 철학번역

괴씸한 철학번역

철학
　　이
　　　란

　　　　　무엇
　　　　　　　인
　　　　　　　　가

16

서양의 학문으로서 철학philosophy이란 지혜에 대한 사랑이라고 한다. 그러나 막상 우리말로 번역된 철학책을 읽으면 어렵다. 너무 어려워서 도무지 무슨 말을 하려고 하는지 모를 때가 많다. 이런 한국인의 공통 체험에서 보자면, 지혜가 어려운 것인지 아니면 사랑이 어려운 것인지, 아무튼 철학은 어렵다. 만약 내가 인생에서 길을 잃었을 때, 만약 내가 결정하기 어려운 난해하고 복잡한 선택을 해야만 할 때, 그때 내가 어느 지혜로운 선생, 선배, 어른을 찾아가 조언을 구하고 도움을 청할 때, 그 선생, 선배, 어른이 도무지 무슨 말인지 알아들을 수 없는 이야기를 내게 한다면, 그들이 아무리 똑똑해도 나는 지혜를 얻을 수 없을 것이다. 이런 일이 반복되면 나는 더 이상 그 선생, 선배, 어른을 찾아가지 않을 것이다.

그러나 사실을 말하자면 다행히도, 철학의 지혜는 어렵지 않다. 설령 지혜를 실천하는 일이 어렵더라도, 적어도 알아들을 수는 있다. 그렇지 않다면, 즉 지혜 자체가 특수 전문가만이 해독할 수 있는 난수표 같은 것이라면, 서양 철학은 벌써 사멸했을 것이다. 하지만 현실은 그렇지 않다. 사멸은커녕 수천 년 동안 전승되면서 인류의 정신을 더 높은 곳으로 인도했다. 심지어 과학 기술이 이토록 발전했고, 다양한 학문이 눈부시게 진화한 지금에 이르러서도 철학은 읽힌다. 지금도 누군가 고전 철학책을 열고 있을지도 모른다. 사랑은 어떨까? 설령 사랑을 표현하고 유지하는 일이 어렵더라도, 적어도 내 사랑의 대상을 알고, 마음속에서 애정을 품는 일은 누구에게나 쉬운 일이다. 그러나 알아듣지도 못할 지혜라면, 종교 혹은 종교적인 믿음에서는 그런 대상조차 사랑하는 일이 쉬울지 몰라도, 철학에서는 어려운 일이다. 철학은 무지를 사랑하는 학문이 아니기 때문이다. 글쎄, 철학과 무지의 어울림이란, 신분 사회에서는 가능할지도 모르겠다. 철학이 극소수의 엘리트들의 고상한 놀이라면, '너무 어렵다'는 사실 그 자체가 사람들의 신분 상승을 막고 '**이너서클**'을 유지할 수 있는 좋은 장벽이 되기 때문이다.

그러나 철학은 그런 게 아니다. 인류에게 지혜를 가르친 스승들은 경계 없는 지혜를 가르쳤다. 누구에게나, 심지어 아이들에게도, 신분과 재산과 종교와 개인의 자질과 무관하게 모든 사람에게 이로운 가르침을 선물했다. 세상의 이치에, 혹은 인류가 가야할 길에 도저히 어울리지 못하는 이야기는 하지 않았다. 그런 이야기였다면 후대에 전승되었을 리 없다. 그럼에도 우리는 철학책을 읽으면 무슨 말인지 모른다. 대체 철학이란 무엇인가?

어째서 우리는 한국어로 쓰여 있는데, 읽어도 무슨 말인지 모르는 것인가? 이런 언어 문제에 좀 더 가까이 다가가 보자. 우리 인간은 언어 활동을 한다. 언어 활동이란 무엇인가? 언어 활동은 생각, 사물, 세계의 윤곽을 제시하는 활동이다. 다시 말하면 소통을 위해, 지식을 전하기 위해, 세상을 이해하기 위해 벌이는 활동이다. 의미가 정확하지 않아도 좋다. 적어도 윤곽을 줘야 한다. 저마다 생각이 다르겠지만, 대충 알아들을 수는 있어야 한다. 그런데 철학은 언어활동이다. 특히 서양 철학은 더더욱 그러하다. 왜냐하면 생각은 언어로 표현된다, 혹은 언어로 표현되는 것이 생각이라는 전통 속에 서양 철학이 있기 때문이다. 따라서 철학은 생각, 사물, 세계의 윤곽을 제시하는 활동이다. 만약 철학이라는 이름으로 무엇인가를 표현했건만, 생각, 사물, 또는 세계의 윤곽을 제시하지 못한다면, 그것은 철학이 아니다. 의미가 정확하지 않아도 좋다. 적어도 의미의 윤곽을 줘야 한다. 저마다 생각이 다르겠지만, 대충 알아들을 수는 있어야 한다. 그러나 한국어로 번역된 서양 철학은 **의미불명에 빠진다.** 그래 놓고서는 철학이라고 한다.

도대체 번역 과정에서 아니면 한국어에 무슨 사건이 있었길래, 한국어로 번역만 되면 철학이 종잡을 수 없는 학문이 되고 마는가? 어째서 철학책을 읽을 때마다 독자는 지혜를 구하기는커녕 자신의 문해력을 한탄해야 하는가? 이 책은 이런 질문에 대한 답변이다.

한편 나는 이런 얘기를 들었다. 철학은 개념의 학문인데, 한국어는 개념어가 없기 때문에 실패할 수밖에 없노라는 이야기다. 이 터무니없는 엉터리 견해야말로 무지를 가장 편안한 상태로 여기는 사람들의 생각이다. 이런 무지는 무시하면 그만이기는 해도, 상당수의 독자들이 아무런 잘못도 없이 이런 무지에 낚여 버리기 때문에, 두어 가지를 지적해 둔다.

첫째, 철학은 개념의 학문이라고 말해 놓고서는 정작 '개념'의 뜻을 모르는 사람들이 시끄러운 법이다. 개념이란 그저 단어를 뜻한다. 의미를 갖는 단어라면, 그걸 일컬어 개념이라 한다. 그들의 주장에 따르면, 결국 한국어는 단어가 없는 언어라는 뜻인데, 초등학생도 이런 주장은 못 한다. 아마도 개념의 의미를 뭔가 특별하고 고상한 뜻으로 잘못 생각하고 있다거나, 혹은 서양 철학의 주요 개념이 한자어로 번역된 탓에 한자어여야만 개념이 되는 것처럼 오해하기 때문인지도 모르겠다. 전자의 까닭이라면 개념의 의미에 대한 무지 탓이며, 후자의 이유라면 서양 철학의 우리말 번역 과정에서 일본의 번역을 거쳤기 때문이다.

둘째, 그들은 한국어를 한자가 배후에 없는 한글로만 제한한다. 한국어는 한국인이 사용하며, 한글로 표기되는 언어이다. 순우리말도 있고, 한자어도 있고, 기타 외래어도 있다. '생각'은 순우리말이고 한국어이다. smartphone은 영어이다. 그러나 '스마트폰'은 한국어이다. 明月은 한자이다. 그러나 밝은 달을 뜻하는 '명월'은 한국어이다. 요즘 젊은 세대들이

사용하는 낱말인 'オタク'와 'ツンデレ'는 일본어이다. 그러나 의미를 전하는 데 아무런 문제가 없다면(적어도 그 세대에서는 문제가 없다), '오타쿠'와 '츤데레'는 이미 한국어이다. 이처럼 우리 한국어는 수많은 말을 갖고 있으니, 부족하기는커녕 의미를 표현할 수 있는 풍부한 자질을 갖고 있는 언어이다. 철학 개념을 표현하는 데 아무런 어려움이 없다. 그저 옵션이 있을 뿐이다. 쉽게 표현할 것인가, 어렵게 표현할 것인가, 아니면 의미를 전하는 행위에 관심을 두지 않을 것인가의 옵션이다. 우리는 어느 쪽을 선택해야 하는가?

괴씸한 철학번역

어디까지가

한국어

인가

사람의 피가 섞이는 일이 자연스럽고, 혈통이 인간의 정체성에서 가장
중요한 요소가 아니게 된 이 시절에 한국어의 혈통 구별은 그다지 중요
한 것처럼 보이지 않는다. 한국 국적을 취득하면 백안이든 흑안이든 한

국인이 되는 것처럼, 한국 사람이 사용하는 언어가 한국어이다. 외래어든 고유든 그 출신성분을 불문한다. 학생들이 카페에 모여 나누는 대화 속에서, 직장인이 식사하면서 혹은 술을 마시면서 주고받는 언어 속에서, 동네 사람들의 이야기 속에서, 정치인들이나 시민활동가들이 청중에게 호소하는 문장에서 평범하게 사용하는 단어, 그것이 우리 한국어이다.

버스, 택시, 카페, 패션, 인터넷은 외래어이다. 그러나 모든 한국인이 사용하는 단어이며, 대체어도 없으니 완전한 한국어이다. 시스템, 데이터, 빌딩, 이미지, 비즈니스는 각각 체계, 자료, 건물, 영상, 사업이라는 대체어가 있다. 한국인이 양쪽에서 어느 쪽을 더 일반적으로 사용하고 있는지, 어느 쪽이 의미를 전하는 데 더 유리한지는 잘 모르겠다. 이들 단어의 차이는 영어에서 기원했느냐 한자에서 기원했느냐의 차이다. 영어보다 한자에 친숙한 사람이 있고, 한자보다 영어에 친숙한 사람이 있다는 정도의 차이이기도 하다. 오십 년 전의 한국인보다 지금의 한국인이 일상 생활에서 더 많은 영어를 사용한다. 취학 전 연령에서 '어린 한국인들'이 영어를 공부하고, 보편화된 국제 교류 덕에 영어 사용이 익숙해졌다. 그럼에도 영어를 문자 그대로 사용하기보다는 한글 표기를 지키면서 외래어로 사용한다. 반면 지금의 한국인보다 오십 년 전의 한국인은 한자를 더 많이 알았을 것이다. 한자 사용은 지금의 영어보다 훨씬 광범위했다. 국한문 혼용의 시절이었기 때문이며, 한자 문화권에서 역사를 지속한 우리나라 고유의 언어 특징을 감안할 때 당연한 일이다.

그러나 지금 시대는 적어도 표기에 관한 한 한글전용의 시대이다. 미래 우리말의 향방이 또 어떻게 바뀔지는 몰라도, 한글 표기의 원칙은 당분간 지속되리라 생각한다. 그러나 무엇을 한글로 표기할지에 대해서는

괘씸한 철학번역

견해가 갈릴 것이다. 어떤 이는 예부터 전해진 - 대체로 일본식 - 한자어를 선호할 것이다. 또 어떤 이는 영어든 불어든 독일어든 원어를 한글로 표기하기를 좋아하고, 또 다른 이는 순우리말을 발굴하기 위해 애쓸 것이다. 나는 이런 견해의 차이를 논평하면서 어느 쪽이 바람직하다고 말하지는 못하겠다. 나는 단지 평범한 한국인이 사회 생활하면서 자기 의견을 표현하고 소통하는 데 사용하는 언어라면, 그 단어가 무엇이든 한국어라고 생각한다. 한국인이 사용하는 언어가 한국어이다. 설령 오래전부터 존재한 대체 한자어가 있더라도, 한국인들이 일상생활에서 영어 단어를 더 자주 사용한다면, 그 영어 단어가 한국어이다. 사전에 등재된 단어가 있더라도 그 단어를 한국인이 전혀 사용하지 않고 그 뜻도 모른다면 그것을 어떻게 취급할 것인가? 한국인이 전혀 사용하지 않는 단어라면, 그 단어의 기원이 무엇이든 — 심지어 순우리말조차 — 한국어가 아니다. 옛 한국인의 조상들이 사용했던 혹은 이북에서 사용하는 조선어일 수는 있겠지만, 21세기 한반도에서 살고 있는 한국인의 언어는 아니다. 물론 국어학자가 그런 잊힌 단어도 우리말이라고 소개하면서 그 단어의 사용을 권장하는 것까지 반대할 생각은 없다. 어느 한 개인의 찬성과 반대에 의해 사람들의 언어습관이 달라지는 것도 아니다.

나는 앞서 우리말의 출신성분을 따지지 않기로 했으므로, 한자어의 경우 그게 일본에서 유래했든, 중국에서 기원했든, 조선인이 만든 것이든 문제 삼지 않는다. 만약 그런 단어들이 이미 사용되지 않는 단어라면, 굳이 그 기원을 따질 실익이 없다. 만약 그런 단어들이 평범하게 잘도 사용되고 있고, 의미의 왜곡도 없다면, 그것은 이미 한국어이므로 그 기원을 문제 삼아 '순화할' 이유도 필요도 없다. 직장인들의 모임에서 혹은 학생들의 수다에서 주고받는 단어를 감시하고 심사하며 참견할 권한이 누구에게도 없으니, 어쩔 수 없는 일이기도 하다. 철학과 이성, 공간과 시간,

객관과 주관 등, 수많은 철학 용어를 우리는 평범하게 사용한다. 의사소통에 아무런 문제가 없다. 그러므로 설령 이 단어들이 어느 일본인이 발명한 것일지라도 이미 우리말이다. 오랜 세월 동안 한국인의 검증이 끝난 단어이기도 하다. 어느 예민한 사람은 일본에서 유래된 단어를 무척 싫어할 수도 있고, 다른 대체어를 찾기 위해 그이가 노력할 수도 있겠지만, 사람들이 보통으로 사용하는 언어 습관에 개입하지는 못한다. 그이가 큰 권력을 지니고 있어서 일시적으로 사람들의 소통을 훼방 놓을 수 있을지는 몰라도, 의미에 잘못이 없고 그러므로 소통에 문제가 없는 사람들의 흔한 언어를, 이미 '한국어가 된 일본어'를 꾸짖어 봤자, 욕만 얻어먹을 일이다. 그러나 일본인이 만든 단어로, '질료'니 '실재'니 하는 단어들은 그 오랜 세월을, 여러 세대가 나고 진 긴 시간을 줬건만 '한국어가 되지 못한 일본어'이다. 평범한 한국인이 보통의 생활에서는 사용하지 않는다. 그렇다면 이는 한국어가 아니라 여전히 일본어이며, 단지 일본어 한자를 한글로 표기를 바꿨을 뿐이다. 이런 단어는 그만 사용해야 한다. 이유는 간단하다. 한국어가 아니어서 한국인에게 의미를 제대로 전하지 못하고, 소통과 지식 전달에 방해만 되기 때문이다. 물론 철학을 공부한 일부 학자들은 낯설고 불편하겠지만, '재료'와 '실체'라는 좋은 한국어를 외면할 이유가 없다. 이렇게 말하면 '실체'라는 단어는 '실재'와 완전히 다르다면서 어쨌아하는 지식인의 모습이 떠오른다. 그러나 이는 서양 철학의 용어를 번역하는 과정에서 일본 학자의 **오류가 빚어낸 해프닝**에 불과하니, 독자들은 <Substance, 본질이냐 실체냐>와 <Reality, 실체냐 실재냐> 쪽을 읽어보면 될 일이다.

한국에서 철학이 어려운 문제는, 한국어로, 혹은 한국어가 된 일본어로 철학을 번역하는 경우에서는 그다지 발생하지 않는다. 대체로 한국어가 되지 못한 일본어로 철학이 번역되어 있기 때문이다.

괴씸한 철학번역

새로
운

번역을

시도할 때가

되
었다

언어는 시간에 따라 변화한다. 특히 한국어는 그 사정이 심하다. 이 나라에서는 특유의 역동적인 문화와 사회 분위기 때문에 사람들의 의식이 쉽게 바뀐다. 의식이 바뀌면 언어도 영향을 받는다. 이런 사회 문화적인 요소에 더해, 한편으로는 한자가 지배한 조선 시대의 언어에 맞서 한글로 표현하려는 근대 정신의 분투가 있었고, 다른 한편으로는 식민지배라는 특수한 환경이 있었다. 불우한 역사를 극복하려는 시도는 한국어 분야에서도 마찬가지여서 우리말에 대한 열정은 문법의 발명과 정비로 이어졌다. 그 결과 백 년 전의 조선인이 쓰던 언어와 현대 한국인이 사용하는 언어는 소통이 어려울 정도로 달라졌다. 적어도 구어가 아닌 문어의 경우에는 필경 그러하다.

영어의 경우, 지금의 단어와 문법으로도 백 년 전의 텍스트를 읽는 데 큰 어려움이 없다. 한국어는 사정이 달라서 지금 세대가 백 년 전의 한국어 텍스트를 거의 읽지 못한다. 다른 오래된 언어와 비교할 때, 현대 한국어는 기호 면에서나 문법 면에서 사실상 태어난 지 얼마 되지 않은 **젊은 언어**이다. 발육과 성장을 위해서는 자꾸 도전하고 모험해야 하는 언어이다. 전통적으로 지켜야 할 언어의 유산이 적기 때문에, 더 좋은 어휘와 더 나은 표현의 가능성이 풍부하다. 번역은 그런 가능성을 위해 애쓰는 도전과 모험이다.

언젠가 나는 어느 출판평론가의 말을 들은 적이 있다. 기존 번역본이 있는 책을 다시 번역해서 출간하다니, 그런 일을 그만하자는 비평이었다. 나는 그이의 견해가 바뀌기를 소망한다. 다른 사람의 성과를 존중하고 쓸데없는 경쟁을 하지 말자는 의도였을 것이다. 그런 마음을 우리는 이해한다. 그러나 언어의 변화가 심한 이 나라에서는 지식을 전하는 언어의 수명이 짧을 수밖에 없어서(단지 오역의 문제가 아니다), 원문에 담긴 지식과 지혜가 당대의 한국인에게 여전히 필요하다면, 수명이 다한 언어를 고집할 게 아니라, 더 나은 번역으로 자꾸 개선해야 할 사회적 요청이 있다. 특히 철학의 경우, 백 년을 넘게 지속된 기존 세대의 번역은, 현대 한국어의 성장을 방해한다. 사실상 일본어로 번역된 이후에, 그것이 권위를 획득한 다음, 제대로 된 한국어 번역을 막고 있기 때문이다. 식민지배의 유산이 너무 철저해서 이 나라의 철학은 '일본식 훈고학'에 갇혀 있다. 철학 번역이 인류의 지혜를 한국인에게 전파하는 임무를 수행하기는커녕, 이 나라에서 위대한 사상가가 나오지 못하도록 훼방 놓고 있으니, 더 나은 지혜와 지식을 원하는 사람들이라면, 변화하는 한국어에 어울리는 새로운 번역을 시도해야 함이 마땅하지 않은가?

특히 우리 언어는 서양의 로마자 알파벳 체계와 근본적으로 다르다는 그런 당연한 이유 때문에, 서양 철학을 번역하는 과정에서 굉장한 이점을 누릴 수 있다. 서양의 언어도 기호든 의미든 세월이 흐름에 따라 변화할 것이다. 단어는 그대로인데 시간의 흐름 때문에 의미의 명료함이 달라지곤 한다. 이런 상황에서 후대 서양 사람들은 주석을 다는 등의 간접적인 방법으로 그 의미를 보전할 것이다. 이런 일이 많이 발생할수록, 혹은 시간이 많이 흐를수록, 자연스럽게 서양 사람들에게도 철학이 어려워지는 것이다. 옛 철학자는 아무 잘못도 하지 않았는데, 같은 언어를 사용하는 독자의 세대가 달라졌다는 이유만으로 어려워지는 것이다. 그럼에도 알파벳 기호에 묶여 있기 때문에, 수백 년 전에 어느 철학자가 쓴 단어를 시대가 바뀌었고 더 좋은 단어가 있다고 해서 다른 단어로 함부로 바꿀 수 없는 것이다. 예를 들면, 칸트의 <순수이성비판>에서 머릿속 '순수 지성 개념'은 대상을 파악함에 있어 정확하고 구체적인 형상을 제공하지는 않는다. 그런 것은 감각을 통해 얻는 것이다. 개념의 역할은 머릿속에 들어온 대상에 의미의 '실루엣'을 제공하는 것이다. 칸트는 그것을 schema라고 표현했다. 그렇다면 수백 년이 지나도 현대 서양인들은 schema로 표현해야 한다. 칸트가 말하려는 메시지가 독자들에게 잘 전달되지 못할 수 있다. 그걸 걱정한 칸트도 schema는 어떤 구체적인 형태를 나타내는 image가 아님을 강조했다. 그러니 더 어렵게 느껴지지만, schema가 아닌 silhouette이라는 단어로 바꿔 보면, 칸트가 전하려는 메시지가 훨씬 쉽게 파악된다. 그러나 그렇게 함부로 단어를 바꾸지 못한다는 것이, 서양 사람들이 겪는 언어적 속박이다.

그러나 한국어의 경우 이런 속박이 없다. 서양 철학을 번역하는 과정에서, 우리는 최선의 한국어를 부여해서 저자의 메시지를 더 명료하게 나타낼 수 있는 기회를 얻기 때문이다. 자, 우리는 어떤 단어를 선택하면 좋을까? 우리에게는 '윤곽'이라는 좋은 단어가 있다. 그러나 일본 학자가 '図式'으로 번역함으로써 번역의 기회를 망쳤고, 한국 학자들이 '도식'으로 일본어 번역을 음독해서 번역한 후 만족해하면서, 번역의 기회를 낭비했다. 우리는 기회를 되살려야 한다. 그게 어렵지도 않다. 우리말에 맞게 그러면서도 저자의 메시지에 충실하게 **다시 번역하면** 된다.

이 나라에서는

일
본
어
로

철학을

번
역
한
다

괘씸한 철학번역

한국에서 문맹은 사라졌다. 한국어를 못 읽는 한국인을 만나기 어렵다. 모두가 인터넷을 통해 쉽게 지식을 얻는다. 그런데 '문해력' 문제가 생긴다. 한국인이 한국어로 된 글을 읽는데 그 글을 이해하지 못한다면 한국인의 문제인가, 아니면 한국어의 문제인가? 철학의 경우 문해력 문제는 더욱 심각하다. 읽어도 무슨 내용인지 알 수 없는 '한국어로 쓰인' 텍스트가 흔하다. 그것은 철학 자체가 그러하기 때문인가, 아니면 철학 번역자의 한국어 탓인가? 나는 이런 의문을 오랫동안 품고 있었다.

철학 번역은 주로 강단에서 학생들을 가르치는 학자들이 한다. 대체로 박사 학위의 권위와 '원문' 번역의 권위를 내세운다. 그들이 번역을 잘했으면 이런 책이 나오지도 않았을 것이다. 전문 번역가가 철학 번역을 하는 경우도 있다. 번역가들에게 철학 용어는 통과하기 어려운 장애물이다. 그들은 사전을 참고하면서 다양하게 조사한다. 그때 사전이 그들의 작업에 곰팡을 일으킨다. 도대체 이 나라 철학 번역에 어떤 문제가 있는가?

문제의 원인은 간단하다. 한국인이 한국어가 아닌 일본어로 철학을 번역하기 때문이다. 내가 이렇게 말하니 어디에선가 이런 반론이 들리는 것 같다. 우리나라에 서양 문물을 수입하는 과정에서 일본 학자의 공헌이 컸다, 아니 매우 크지 않았던가? 일본어로, 일본식 한자로 철학 용어를 번역했다 해서 문제되기보다는 오히려 철학의 보급과 학문의 성장면에서 고마워해야 하지 않는가? 좋은 반론이다. 맞는 말이다. 일본 학자들이 없었다면 우리는 고생했을 것이다. 그러나 좋은 우리말을 찾기 위해 고생하는 것은 **굉장히 의미있는 일**이다. 우리는 그런 의미있는 작업을 할 기회를 박탈당한 것이고, 오히려 오류까지 세뇌당했으니, 좀 더 생각해 보면 그 반론이 부당해진다. 일본은 과학과 산업 분야에서 인류에 공헌한 인물들을 다수 배출한 나라이다. 그러나 나는 그 나라에서 위대한 철학자가 배출되었다는 소식을 들은 적이 없다. 물론 그들의 언어를 모범 삼아 철학을 공부한 우리나라도 마찬가지다.

니시 아마네[A]는 '철학'이라는 단어를 발명했다. 그것만이 아니다. 시간, 공간, 이성, 긍정, 부정, 명제, 개념 등의 단어도 발견했거나 발명했다. 니시 아마네의 이런 발명품은 현대 한국어에 잘 편입됐다. 그러나 그는 일본인, 그것도 백수십 년 전의 옛 일본인이다. 서양 정신의 핵심을 정확히 이해하여 그것을 일본에 제대로 전파한 사상가도 아니었다(그는 서양의 물질적인 성과에 주목했으며, 메이지 정부에서 군사 조직 정비에도 힘쓴 인물이었다). 당시 일본 학자들은 수많은 철학 용어를 발명해 냈다. 일본어처럼 한자어를 사용하는 우리들은 '당분간' 그 혜택을 누렸다. 일본 사람이 일본어로 가르친 지식이 몇 세대를 이어 오면서 오늘날에 이르렀다. 이 나라 철학 지식의 뿌리를 일본 학자들이 심었다는 데 이의 제기를 할 사람은 많지 않을 것이다. 우리나라에서 서양의 학문은 일본인이 만든 언어에서 비롯되었다. 그러므로 우리는 그들을 존경해야 하는가? 철학을 공부하는 우리 한국인에게 학문의 즐거움은 드물다. 학문의 고통은 있다. 고통을 지불해야 겨우 얻는 즐거움이 없지는 않겠지만, 이 고통의 유래가, 한국인이 한국어가 아닌 일본어로 철학을 공부하기 때문이라고 한다면, 과연 즐거운 일일까?

선험, 우유, 규준, 질료, 실재, 소여, 심성, 각지, 도상, 도식, 선취, 외연, 내포, 격률(준칙)이라는 단어는, 각각 a priori, accident, canon, matter, reality, data, mind, apprehension, schema, image, anticipation, extension, intension, maxim에 해당하는 일본식 번역이다. 선천, 우연, 규범, 재료, 실체, 데이터, 머리, 탐색, 윤곽, 이미지, 예감, 크기, 세기, 좌

우명으로 바꿔 번역하는 것이 평범한 한국어에 더 어울린다. 정신, 영혼, 지각, 통각, 이념, 실체는 각각 spirit, soul, perception, apperception, idea, substance를 이상하게 번역한 일본식 용어이다. 영, 정신, 감지, 지각, 이데아, 본질로 번역하여 오류를 바로잡아야 한다. 그런데 통각을 지각으로 변경하는 것이 타당함에도 불구하고, 지각을 perception의 번역으로 광범위하게 사용해 온 까닭에, 오류 정정이 오히려 '업계'에 혼란을 초래할 우려가 있으니, 차선택으로나마 '자의식'으로 바로잡는 것이 좋다(자세한 내용은 해당 단어 편에서 다시 설명한다). Apperception은 결국 자기 의식이기 때문이다. 지성(오성), 변증, 종합, 현상은 understanding, dialectic, synthesis, appearance의 일본식 번역이며, 그 의미가 모호하다. 각각 지능, 모순, 연결, 겉모습으로 번역하는 것이 알아듣기 쉽고 적확하다. 그렇지만 역시 여러 세대를 거듭한 오랜 언어 습관은 쉽게 바꿀 수 있는 문제가 아니어서, 아마도 좀 더 긴 시간이 필요할 것 같다. 만약 서양 사람들 앞에서, object, representation, appearance, imagination, illusion, ideal이라는 단어를 배열해 놓는다고 가정하자. 단어마다 의미상의 거리가 멀기 때문에 그 뜻을 구별하는 데 어려움이 없을 것이다. 옛 일본 학자의 기예는 이런 식이다. 각각 대상, 표상, 현상, 상상, 가상, 이상이라고 번역했다. 쓸데없이 '상'이라는 단어를 붙임으로써 의미상 간격이 좁아졌고, 따라서 필요 이상으로 모호해지며, 헷갈리게 된다(한국인뿐 아니라 일본인에게도 좋지 않은 번역이다).

우리가 쓰지 않는 일본식 단어가 한국 철학번역의 족쇄이다. 서양 사상에 대한 잘못된 이해로 말미암아 발생한 엉터리 번역도 있다. 그런 족쇄를 차고도, 관례를 존중한다는 안일한 명목을 내세우면서, 지난 백 년 동안 편안하게 여긴 결과가 오늘날의 철학번역이다. 한자를 이용해서 단어를 발명하는 좋지 않은 버릇도 앞에서 살펴본 **일본식 기예**에서 비롯된 것이다. 독자들의 언어 수준을 고려하지 않는 오만함을 추적하다 보면 결국 전근대적인 문화를 만나게 되는데, 그곳에서 일본 제국주의의 정신은 멀지 않다. 한국인과 일본인이 지닌 언어 문화가 다르다. 일본의 경우, 당장은 무슨 말인지 알아듣지 못해도 그 말을 사용한 '선생'을 존중하는 한편, (설령 더 좋은 선택이 있을지라도) 그 단어를 자신의 언어로 만들기 위해 애쓰는 문화가 있을지도 모르겠다. 하지만 오늘날 한국인들은 자신이 무슨 말인지 알아듣지 못하는 것을 싫어하고, 더 알기 쉬운 말이 있다면 옛것을 낡은 것으로 간주하는 데 머뭇거림이 적다. 그럼에도 여전히 이 땅의 학자들은 한국인의 언어 문화를 외면한 채 일본식 단어를 그대로 계승한다. 마치 일본인처럼 한자어를 조립하는 버릇에 여전히 중독돼 있다. 어째서 평범한 한국어에서 단어를 찾지 않는가?

주석 A: 西 周 1829~1897. 일본의 번역가. 어려서부터 주자학을 익혔고, 1862년 막부 파견 유학생으로 네덜란드에서 서양의 학문을 배웠다. 1865년 귀국하여 메이지 정부의 관직에서 일한 후, 서양의 학문을 일본어로 번역하는 데 큰 기여를 했다. 그는 철학, 미술, 소극, 적극, 가정, 능동, 수동, 가상, 경제학, 자유주의, 인지, 외연, 내포, 개념, 객관, 주관, 감성, 현실, 추상, 의무, 긍정, 부정, 본능, 이상, 감각, 공간, 원소, 목적, 심리학, 재현, 도식, 표현, 원자, 상상력, 분해법, 신학, 전칭, 특칭, 단칭 등 종전에 없던 번역어를 만들었고, 예부터 전승된 한자어 중에서 오성, 의식, 관념, 명제, 인상, 과학, 시간, 관계, 조직, 인식, 직접, 주의, 표상, 논증, 예술, 계급, 성립, 논증 등에 새로운 의미를 부여해서 번역어로 사용했다. 朱 京偉, <明治期における近代哲学用語の成立: 哲学辞典類による検証>, 日本語科学, 2002, p96-127.

언
　어
　　유
　　　린
　　　　의
　　　　　무
　　　　　한
　　　　　순
　　　　　환
　　　　　사건의
　　　　　전모

괴씸한 철학번역

철학책을 읽다 보면 으레 사전을 찾게 마련이다. 단어의 뜻을 모르니 읽어도 무슨 말인지 모르겠고, 그래서 독자들은 사전에서 도움을 얻고자 한다. 그런데 막상 사전을 읽어도 제대로 도움을 얻지 못한다. 사전의 뜻풀이 자체가 어렵기도 하기 때문이며, 우리가 상식적으로 알고 있는 의미와 다른 경우도 잦기 때문이다. 사전에 대해 이야기해 보자.

철학 분야만큼 학자들에게 권위가 인정되는 분야도 드물다. 사람들은 그 권위를 존중하고, 학자는 명예를 얻는다. 이런 일은 매우 자연스럽고 아무런 문제가 없다. 그러나 이 권위가 잘못 작동하여 하니의 사건을 구성할 때가 있고, 그 경우 학자가 학문의 세계를 범한다. 학문을 무지의 감옥 안에 가두는 사건은 학자가 세상에 내놓는 언어로 말미암아 생기는데, 학자의 권위에 사전이라는 다른 권위가 더해지면서 거의 영구적인 미해결 사건이 되지 않을 수 없으니, 실로 무섭다 하겠다.

어느 저명한 대학의 철학과 교수 홍길동이 서양 고전을 번역하면서 자기 멋을 부린다. 마치 자신이 누구도 흉내 내지 못할 수준으로 가장 정확하게 번역해 냈음을 증명이라도 하듯이 한자어를 조합하여 일반인이 상상할 수 없는 새로운 단어를 만들어 낸다. 또한 기존 단어를 사용하면서는 본래의 의미를 훼손하고 제멋대로 의미를 바꾸어 버린다. 아니면 ― 이런 경우가 대부분이었을 것인데 ― 일본 책을 컨닝해서 번역한다. 나는 이를 '언어 유린 사건'이라고 부른다. 왜냐하면 평범한 한국어를 사용하는 독자들이라면, 홍길동 교수가 번역한 책을 읽어도 그 의미를 파악할 수 없기 때문이다.

독자는 아무 잘못이 없는데 문해력을 잃어버렸다. 대중은 아무런 죄가 없음에도 무식해진다.

괘씸한 철학번역

그럼에도 홍길동 교수는 학술상을 받는다. 심사위원 자신들도 홍길동 교수의 책을 제대로 읽은 적이 없고, 읽어도 무슨 뜻인지 알 리 없지만, 홍길동은 무사히 상을 받는다.

이리하여 인류의 교양은 한국에서는 전문학술도서로 둔갑해 버린다. 홍길동의 번역은 도저히 읽을 만한 한국어가 아니다. 그러나 홍길동의 권위는 오래도록 지속된다. 게다가 홍길동과 그의 제자들이 그런 단어를 이용해서 논문을 쓴다. 이번에는 사전 편찬자가 정보를 수집하면서 홍길동이 쓴 그 언어를 국어사전이든 외국어사전이든 사전에 등록한다. 이로써 언어 유린 사건의 '**완벽한 알리바이**'가 성립한다. 사전은 더할 나위 없이 좋은 증거이다. 앞으로 수많은 번역가가 그 알리바이를 신뢰하고 사전이 증거하는 '홍길동의 단어'를 사용할 것이다. 그러면서 무수히 많은 증거와 알리바이가 축적된다.

소장파 학자 임꺽정은 아무리 생각해 봐도 홍길동의 번역이 한국인의 언어 감성에 맞지 않고 쓸데없이 철학을 어렵게 만든다고 우려한다. 그는 고민 끝에 새로운 번역을 해야겠다고 의욕한다. 사건을 해결하려면 사전을 봐야 한다. 임꺽정은 사전을 펼쳐 본다. 어? 홍길동의 번역에는 이미 알리바이가 있었던 것이다. 사전은 홍길동의 번역이 올바름을 증거한다. 임꺽정은 자신의 한국어 어휘력을 한탄하면서 모험을 그만둔다. 외국어에 능통한 학자 성춘향이 등장한다. 역시 홍길동의 번역이 이상하다고 생각해서 달리 번역하려고 한다. 그러나 성춘향도 사전을 펼쳐 확인해 보니 홍길동의 번역이 맞는다는 것이다. '아, 내 한국어가 좀 부족한 모양이구나' 하는 생각에 작업을 포기한다. 이것이 이 언어 유린의 무한 순환 사건의 전모이다.

괴씸한 철학번역

사전에는 이런 '사건의 알리바이'가 있음을 유의해야 함에도 번역가들에게 이 사실이 은폐되어 있다는 점이 철학번역의 현실적인 어려움이다. 이런 일들이 한 세기를 거치면서 철학번역이 지식의 대중화를 오히려 가로막는다. 사전은, 일본식 번역이 한국인의 정신 세계를 세세토록 핍박한다는 이 문제에 대한 고발을 억누르는 가장 효과적이고 완벽한 함정이다.

괘씸한 철학번역

단어

토폴로지

철학은 언어 활동이다. 철학자들은 언어 활동을 통해
자명하거나 명백한 의미를 전한다. 철학자마다 진리,
선함, 아름다움에 대해 다른 견해를 나타낼 수 있고, 세계의 근본과 우주의 섭리와 인생의 목표에 대해 다채로운 주장을 피력할 수 있다. 견해와 주장이 달라도 저마다 명쾌함이 있고 설득력도 있다. 그러나 인간의 언어가 완벽하지 않은 데다가 번역 과정을 통해 출발 언어는 도착 언어에 의해 변화를 겪는다. 변화 과정은 순탄하지 않다. 번역은 단순히 언어만 바뀌는 것이 아니다. 출발 언어의 시공간이 도착 언어의 시공간으로 바뀐다. 그런데 **의미의 시공간에는 실로 많은 것이 있다.** 언어에 영향을 미치는 사회, 문화, 관습, 상식이 상실될 수도 있고, 변형되거나 오염되거나 가미될 수도 있다. 이런 객관적인 요소뿐 아니라, 번역자 개인의 취향과 생각이라는 주관적 요소가 언어의 시공간을 휘젓고 다닐 수 있으니, 번역이란 정말이지 어려운 일이다. 번역 자체가 어려운 게 아니다. 출발 언어에 담겼던 그 철학의 명쾌함과 설득력을 보전하는 게 어렵다는 것이다. 그럼에도 누군가는 번역해야 하며, 또 누군가는 검증해야 한다.

단어는 의미의 시공간에서 저마다 위상을 갖는다. 단어는 사전에 적힌 의미만이 아니라 위상도 갖는다. 예컨대 '하나됨'이라는 단어는 그 자체로 의미가 분명하다. '어떻게, 왜'라는 설명이 더해지지 않더라도 의미를 전하는 데 어려움이 없다. 반면 '통일'이라는 단어는 '하나됨'이라는 의미를 갖고 있을 뿐더러, 어떤 조화로움도 포함하는 단어이다. 후자가 아니라 전자인지, 전자가 아니라 후자인지에 대해서는 추가적인 설명이 필요하다. 특히 남북이 대치하는 정치적 상황으로 말미암아, 한국인에게 '통일'이라는 단어는 항상 '어떤 통일인가?'라는 의문을 수반한다. 다시 말하면, 어떤 단어는 그 자체로 완벽한 의미를 갖지만, 또 어떤 단어는 다른 단어가 보충해 주지 않으면 의미가 모호하다. 즉, 단어마다 의미의 명쾌함과 모호성에 관해서 위상이 다르다. 또한 같은 의미여도 어떤 단어는 난해하고, 어떤 단어는 쉽다. 난이도의 위상이 단어마다 같지 않다는 것이다. 이 두 가지의 위상은 도착 언어 자체의 위상이다. 출발 언어와 관계하지 않는다. 그렇다면 출발 언어와 관계하는 위상도 있지 않을까?

사전에서 어떻게 정의하고 있든, 출발 언어와 매칭되는 도착 언어의 정합도가 단어마다 다를 수 있다. 대체로 오역은 이 정합도에서 발생한다. 순수이성의 discipline을 번역할 때 {훈육, 훈련, 수양}이라는 단어에서 선택한다고 가정하자. 그런데 순수이성은 타율적이지 않고 자율적인 속성을 지녔다는 점을 주목한다면, 출발 언어에 대한 정합도 면에서, '타율성'이라는 의미가 들어가 있는 훈육이나 훈련보다는 '자율성'이라는 의미가 더 진한 수양이라는 단어를 선택하는 것이 좋다. 사전에 등재되어 있다는 사실만으로 번역어가 될 수 있는 것은 아니다. 상상력의 reproduction이라는 기능을 지금껏 학자들은 '재생'으로 번역했다. 그러나 머릿속에 이미 표상으로 재생되어 있는 것을 다시 재생한다는 것이 이치에 맞지 않은 데다가, 칸트 철학에서 상상력은 머릿

괴씸한 철학번역

속에서 감각 영역에 있는 데이터를 지성 영역으로 가져
오는 **중개 역할**을 하고, 지성은 감성 데이터를 직접 처
리할 수 없기 때문에, 감성 데이터를 지성이 처리할 수
있는 변환 데이터로 압축하고 복제하는 과정이 필요하
다. 그렇다면 '복제'라는 단어를 선택하는 것이 정합도
가 우수한 번역이다. 컴퓨터를 포함한 인공지능 시스템
의 데이터 처리도 마찬가지로 외부로부터 수신한 데이
터는 반드시 복제되어야 하는 것임을 생각하면 저절로
이해가 될 문제이다.

옛 일본 학자들은 dialectic을 '변증'으로 번역했다. 그
실질은 '모순' 혹은 '양비론'이다. 그러나 변증이라는 말
은 ― 설령 그 의미를 정확하게 이해하는 사람이 드물
더라도 ― 다양한 지식 세계에서 너무나 오랫동안 광범
위하게 사용되어 왔다. 따라서 모순이나 양비론이라는
단어가 dialectic이라는 출발 언어에 정합도가 더 좋다
하더라도, 그렇게 번역하면 사람들의 소통을 방해할 것
이다. Apperception은 정합도 면을 고려하자면 '지각'
으로 번역함이 타당하다. 그러나 오랜 세월 '지각'이라
는 단어를 perception의 번역어로 사용해 왔으므로, 정
합도만을 내세운다면 오히려 소통에 불이익이 초래된
다. 그러므로 우리는 그 번역어가 소통에 어떤 기여를
할 것인지, 어떤 불이익을 가져올 것인지를 감안해야
하며, 오해 가능성 여부를 고려해야 한다. 의미의 시공
간을 두루 생각하자.

나는 이처럼 의미의 시공간을 **4차원의 좌표를 갖는 공간**으로 정의한 다음에, 번역을 검증했다. 단어는 저마다 위상을 갖는다. 즉, 번역에 사용되는 단어는 4개의 좌표 값으로 구성되는 하나의 위상을 갖는다. 이런 생각으로 무엇이 한국인에게 바람직한 철학 용어 번역인지 이 위상 분석에 의해 결정해 보았다. 의미 모호성(명백하거나 의심스럽거나)과 난이도(쉽거나 어렵거나)는 도착 언어, 즉 우리말에 관한 위상이다. 정합도(의미에 맞거나 맞지 않거나)와 오해 가능성(의사소통에 이익이 되거나 장애가 되거나)은 출발 언어와의 관계에 관한 위상이다. 나는 이러한 항목의 위상을 탐구하는 것을 **'단어 토폴로지'**라 칭하면서, 각 항목을 행렬의 성분으로 갖는 2x2 행렬로 수학적 모델링을 시도했다. 즉, 단어 토폴로지에서 각각의 단어는 위상값(W_p)을 갖고, 그 위상값은 다음과 같이 나타낼 수 있다.

$$W_p = \begin{pmatrix} 의미모호성 & 난이도 \\ 정합도 & 오해가능성 \end{pmatrix}$$

위와 같은 행렬을 기호로 표시해 보자. 의미 모호성을 W_a, 난이도를 W_d, 정합도를 W_c, 오해 가능성 W_m로 나타낼 수 있다. 지금껏 학자들은 하나의 요소, 즉 W_c만을 생각하면서 철학 용어를 번역하고 검증해 왔으나, 우리는 4개의 요소를 모두 고찰한다.

W_p는 다음과 같다.

$$W_p = \begin{pmatrix} W_a & W_d \\ W_c & W_m \end{pmatrix}$$

또한 행렬을 분리하여 2개의 성분으로 좀 더 간단하게 나타낼 수 있다.

$$W_{p1} = \begin{pmatrix} W_a \\ W_c \end{pmatrix}$$

$$W_{p2} = \begin{pmatrix} W_d \\ W_m \end{pmatrix}$$

$$W_{1p} = (W_a \quad W_d)$$

$$W_{2p} = (W_c \quad W_m)$$

모델링이 단순하다는 장점이 있고, 이렇게 하면 단어의 위상을 **기하학적으로 표현**하는 데 유리하다. 예컨대 W_{p1} 또는 W_{2p}의 경우 정확한 번역 여부만을 분리해서 위상 분석을 하는 데 좋고, W_{1p}는 쉬운 번역에 초점을 맞추는 위상 분석에 유리하다. 2차원이라면 xy 좌표계를 이용하여 위상을 시각적으로 나타낼 수 있다.

행렬의 성분 값은 낮을수록 좋다. 다시 말하면 숫자가 커질수록 나쁜 번역이다. 그 값은 0~4 범위의 정수로 정했다.

모호성 W_a

0	1	2	3	4
의미가 자명함	자명하지는 않지만 명확함	의미가 조금 모호함	의미가 많이 모호함	의미가 불명확함

난이도 W_d

0	1	2	3	4
초등학생도 아는 수준	중학생 수준의 난이도	고등학생 수준의 난이도	대졸자 수준의 난이도	전문가 수준의 난이도

정합도 W_c

0	1	2	3	4
출발 언어와 의미가 일치	동일성 범위 안에 있음	의미가 약간 불일치	유사하지만 의미가 다름	오역

오해가능성 W_m

0	1	2	3	4
아무 문제 없음	약간 있으나 소통에 어려움이 없음	소통을 위해 주석이 필요함	소통에 혼란을 초래할 우려	소통 불가

위와 같은 단어 토폴로지에서 어느 하나의 위상에서든 **3이나 4에 해당하는 점수**가 하나라도 있으면 의미를 제대로 전하지 못하는 단어라는 점에서 나쁘다. 철학을 매우 어렵게 만드는 단어이기 때문에 대안을 탐색하는 것이 좋다. 다만, 오랜 세월 사회적인 습관을 형성한 언어를 인위적으로 바꾸는 일이 쉽지만은 않아서, 단어 토폴로지를 통해 어떤 단어는 당장에도 변경이 가능하

괘씸한 철학번역

지만, 그렇지 못한 단어도 있다. 후자의 경우, 다음 세대의 몫이 될 것이다.

가장 이상적인 단어의 위상값은 아래의 W_i이다.

$$W_i = \begin{pmatrix} 0 & 0 \\ 0 & 0 \end{pmatrix}$$

최악의 번역에 해당하는 단어의 위상값은 아래의 W_w이다.

$$W_w = \begin{pmatrix} 4 & 4 \\ 4 & 4 \end{pmatrix}$$

만약 아래와 같은 단어 위상값의 번역어라면 더 나은 번역어가 등장하지 않는 한, 어느 정도 불편함을 감수하더라도 번역어로 사용할 수는 있을 것이다.

$$W_1 = \begin{pmatrix} 2 & 2 \\ 2 & 2 \end{pmatrix}$$

그러나 3 또는 4가 등장하는 다음과 같은 번역어라면, 설령 0과 1이라는 위상 값이 있더라도, 다른 번역어를 탐색하는 것이 바람직하다. 예컨대 W_2는 번역어의 의미가 많이 모호하다는 점에서, W_3의 경우 독자들의 일상 언어 수준을 지나치게 뛰어넘는다는 점에서, W_4는 오역의 가능성이 크다는 점에서, W_5는 도착 언어로 출발 언어의 메시지를 전하는 소통이 불가능하다는 점에서, 지식을 전하는 번역에는 합당하지 않다.

$$W_2 = \begin{pmatrix} 3 & 1 \\ 1 & 1 \end{pmatrix}$$

$$W_3 = \begin{pmatrix} 2 & 4 \\ 1 & 2 \end{pmatrix}$$

$$W_4 = \begin{pmatrix} 0 & 0 \\ 3 & 2 \end{pmatrix}$$

$$W_5 = \begin{pmatrix} 1 & 1 \\ 1 & 4 \end{pmatrix}$$

이제 이러한 단어 토폴로지 모델에 기초해서 검증 작업을 해보자. 나는 임마누엘 칸트의 <순수이성비판> 한국어 번역을 통해 검증 작업을 수행했다. <순수이성비판>이 인류사에서 가장 빛나는 철학서 중 하나이기도 하고, 현대 철학에 입문하는 출입문 역할을 하는 책이기 때문이기도 하지만, 이런 사실보다 이 책을 선택한 까닭은, 사람들이 이 책을 일컬어 가장 난해한 철학책이라고도 하고, **칸트 철학 전공자조차** 일반인이 읽을 수 없는 책이라고 태연하게 말하니, 그 말이 과연 사실인지 검증하고 싶기 때문이었다.

괴씸한 철학번역

이 작업에서 나는 펜실베니아 대학의 폴 가이어 교수와 예일 대학의 알렌 W. 우드 교수가 영어로 번역한 1998년 캠브리지 대학 출판사의 <순수이성비판> 영어 번역 판본과, 펜실베니아 주립 대학의 베르너 S. 플루하르 교수가 번역한 1996년 해켓 출판사 영어 번역 판본을 동시에 읽었다. 칸트의 의미를 전달하는 관점에서는 플루하르 판본이 우수하고, 칸트의 표현을 전달하는 관점에서는 가이어와 우드의 판본에 더 장점이 있다. 한국어 번역본으로는 아카넷 출판사의 백종현 번역과 박영사의 최재희 번역을 비교했다. 이 검증 작업은 오역의 여부를 심판하려는 것이 아니었기 때문에(내게 그럴 자격도 없다), 나는 문장이나 단락까지 작업 대상을 확장하지 않고, 주로 단어가 어떻게 번역되고 있는지를 비교했다. 오늘날 인류의 중요한 지식은 오랜 시간을 걸쳐 영어로 번역되고 검증되어 왔기 때문에, 설사 <순수이성비판>이 독일어로 적혔을지라도, 영어와 한국어 비교는 상당한 의미가 있다. 특히 영어에 익숙한 독자들이 자연스럽게 번역 검증에 동참할 수 있다는 장점이 있다. 이런 장점은 독일어 단어에서는 기대할 수 없다.

한편 1881년 일본에서 발행된 철학사전[B]과 메이지 시대 번역가 니시 아마네에 관한 여러 일본어 자료와 논문들을 참고했다. 작업 내내 내 머릿속에서는 마치 옛 독립운동가 정신이 깃드는 기분이 들었다. '정말이지, 이 나라에서 제대로 철학번역을 해내려면 우리는 일본

괴씸한 철학번역

어의 족쇄를 끊어야 한다, 앞서간 일본인이 만들어 놓은 언어의 덫에서 빨리 벗어나야 한다'는 생각이었다.

주석 B: 동경대학3학부, 〈철학자휘〉, 메이지 14년(1881년).

요긴한 지식 1 | 철학의 기본 분류

철학은 인간 지식에 관한 학문이다. 전통적으로 자연학, 윤리학, 논리학으로 나눈다. 자연학은 이 세계에 대한 철학(즉, 자연철학), 윤리학은 인간 행동에 대한 철학(즉, 도덕철학), 논리학은 인간 생각에 관한 철학이다. 논리학은 생각의 형식만을 탐구하는 철학이다. 그런데 자연학과 윤리학에는 내용과 형식이 함께 들어있다. 내용은 경험에 의해서 획득되는 것으로, 경험에 따라 변하는 것이다. 그러므로 변하지 않는 것이 있다면 그것은 형식이다. 변하지 않는 것을 탐구하는 철학을 일컬어 형이상학이라고 칭해 왔으므로, 자연철학과 도덕철학 중에서 변하지 않는 형식을 탐구하는 부문은 각각 자연 형이상학과 도덕 형이상학이 된다. 자연철학과 도덕철학 중에는 내용에 관한 부문이 있고, 그런 부문이 자연철학에 해당한다면 곧 자연과학이 되며, 도덕철학에 속한다면 인간학, 심리학, 사회학 등 다양하게 표현될 수 있다.

괘썸한 철학번역

Mind

머리냐

마
음
이
냐

괘씸한 철학번역

19세기 후반, 일본 학자들은 mind를 번역하면서 '心'이라는 한자를 부여했다. 서양 철학은 결국 mind를 탐구(대체 mind 안에서 어떤 일이 벌어지는지, 혹은 mind를 통해 우리가 무엇을 알 수 있는지 등의 문제)하는 학문이다. <순수이성비판>도 마찬가지이며, mind라는 단어가 많이 등장한다. 일본 학자들은 감성, 오성, 이성의 운율을 맞춰 '心性'으로 번역했다. 일본 번역을 모델로 삼은 최재희는 심성으로 번역했고, 백종현은 마음으로 번역했다.

실제로 많은 번역가가 '지금도' 마음으로 번역한다. 그것이 정확한 의미이기 때문은 아니다. 그저 습관 때문이다. 그리고 그런 습관을 사전이 뒷받침하고 있기 때문이다. Mind에 대한 영한사전의 표제어가 마음이다. 문학이나 가벼운 기분으로 읽는 에세이 분야에서는 mind를 마음으로 번역해도 괜찮은 경우가 많다. 그러나 철학 분야에서는 그렇게 번역해서는 안 된다. 한국인에게 마음이라는 단어는 사람의 성격, 품성, 관심이나 감정을 뜻한다. 이 단어로 이미지 검색을 하면 하트 모양의 이미지만 나온다. 한자 '心'은 마음을 뜻하고, 그것은 곧 심장을 가리킨다. 그만큼 마음이라는 단어는 감정적인 의미를 직접적으로 나타낸다. 그러나 철학에서 mind는 그런 의미로는 사용되지 않는다. 생각을 뜻하는 정신을 지칭한다. Mind는 고대 그리스 '**누스**Nous'에서 유래된 단어로, 머릿속에서 괜히 떠오르는 생각이 아니라, 지적이고 논리적이며 이성적인 생각을 포함한다. 르네 데카르트는 물질인 육체body로부터 독립한 본질로서 머릿속에 존재하는 지성을 mind라 칭했다. 그래서 지금도 mind라는 단어로 구글 이미지 검색을 하면 인간의 머리 이미지만이 결과로 출력되고, 심장은 등장하지 않는다. 한때 동양에서는 생각의 원천이 심장에서 나온다고 생각했으므로, 옛날 관점에서는, mind를 마음으로 번역해도 괜찮을지 모르겠다. 그러나 심장에서 생각을 찾지 않는 오늘날 그런

식의 번역은 과학에도 맞지 않고 서양 정신세계사의 수천 년의 전통을 무시하는 처사이다. 서양 철학을 번역하면서 동양 철학의 용어를 함부로 섞으면 서로 다른 의미가 충돌함으로써 헷갈리기만 할 뿐, 그다지 장점이 없다. 서양 철학은 단순하고 명쾌한 의미의 단어를 기반으로 한다. 반면 동양 철학은 심오하고 다양한 의미의 단어를 사용한다. 서양 철학과 동양 철학을 정확히 분별한 다음에야 비로소 그것의 융합을 시도하는 작업이 설득력을 가질 것이다.

철학서에서 '마음'이라는 단어가 사용되는 곳마다 의미가 분명하지 않고 모호하다(3점). 원문은 인간 머리를 가리키고 있는데, 번역문은 인간 심장을 가리키고 있기 때문이다. 마음이라는 단어를 모르는 한국인은 없다(0점). 그런데 번역가가 서양 철학의 전통을 무시하고 우리식 표현을 번역어로 들이민 것이다. 유사하지만 의미가 다르다(3점). Mind는 서양 철학에서 가장 기본이 되는 단어임에도 이런 번역가의 행동 때문에 의사소통의 혼란이 누적돼 왔다(3점). 그러므로 mind에 대한 번역어 '마음'이라는 단어의 위상은 다음과 같다.

$$마음 = \begin{pmatrix} 3 & 0 \\ 3 & 3 \end{pmatrix}$$

3이라는 숫자가 3번이나 등장했다는 것은 '마음'이 mind에 어울리지 않음을 증거한다. 마음보다 더 좋은 단어가 없을까? 있다. '생각'이라는 단어이다. Mind는 무엇인가를 알기 위한 정신 일반을 가리키기 때문에, 생각은 mind의 좋은 우리말 번역이다. 그런데 <순수이성비판>에서 생각을 지칭하는 단어로 mind가 아닌, thinking이나 thought라는 단어를 사용하고 있고, mind가 thinking이나 thought보다 그 의미가 넓어야 한

다는 점을 더 숙고해야 한다. 그런 단어가 우리말에 없을까? 있다. '머리'
이다. '머리'는 생각을 비유적으로 지칭하는 단어이기도 하고, 얕은 생각,
깊은 생각, 멍때리는 생각, 논리적인 생각, 기억, 연상, 직관, 상상 등등
모두를 포함하는 단어이기도 하다. 그런데 그것이 mind이다.

머리가 지칭하는 의미는 자명하다(0점). 머리라는 단어를 모르는 한국
인 독자는 없다(0점). 머리라는 단어가 비록 mind의 본래 의미를 거의
정확히 담을 수 있지만, 고대 그리스어 '누스'에서 시작하여 펼쳐지는
mind의 다채로운 의미까지 완벽하게 담을 수는 없다는 한계는 있다(1
점). 그러나 의사소통에 어떤 혼동도 초래하지는 않는다(0점). 그러므로
mind에 대한 번역어 '머리'의 단어 위상은 아래와 같다.

$$머리 = \begin{pmatrix} 0 & 0 \\ 1 & 0 \end{pmatrix}$$

이제 철학서에서 mind라는 단어를 어떻게 번역하는 것이 바람직한지
자명해졌다. '머리'로 번역해야 한다. 아래는 <순수이성비판>에 적힌 칸
트의 문장을 번역한 것이다.[C]

① 표상을 수용하는 우리 **머리**의 수용성에는 감성이라는 이름을 주자.
② 표상을 수용하는 우리 **심성**의 수용성에는 감성이라는 이름을 주자.
③ 표상을 수용하는 우리 **마음**의 수용성에는 감성이라는 이름을 주자.

①번이 정확한 번역이다. 칸트 철학에서 감성은 머리의 한 요소이다. ②
번과 ③번은 일본식 번역이고, 이로 말미암아 '감성'이라는 단어에 '감정'

이라는 단어의 의미가 섞이는 현상이 발생한다. 감성에 감정이 섞이면 더 이상 칸트 철학이 아니다.

주석 C: 임마누엘 칸트, 〈순수이성비판〉, B75.

요긴한 지식 2 | 순수란 무엇인가?

철학에서 순수는 매우 중요한 용어이다. 특히 칸트철학에서 그러하다. 지식의 내용은 경험적인 것이다. 그러나 지식에는 형식 부분이 있고, 내용을 배제한 후 형식만을 탐구하려면, 결국 경험적이지 않은, 경험이 개입하지 않는 것을 탐구해야 한다. 그런 것을 일컬어 순수라고 부른다. 순수pure와 선천적인 것의 차이는 무엇일까? 부분집합 관계이다. 순수가 선천적인 것의 부분집합이다. 순수한 것은 선천적이다. 그러나 선천적인 것이 모두 순수한 것은 아니다. 〈모든 변화는 원인을 가진다〉라는 명제는 선천적이다. 그러나 순수하지는 않다. 왜냐하면 '변화'는 경험을 해야만 알 수 있는 것이기 때문이다. 순수에 대한 상세한 용어 풀이는 QR 코드의 영상에서.

괘씸한 철학번역

Spirit

영이냐

정
신
이
냐

괘씸한 철학번역

이 단어를 고심해 보지 않은 번역가는 없을 것이다. 하지만 철학자들은 고뇌하지 않는다. 대한민국 대부분의 철학자가 이 단어를 '정신'으로 번역한다. 서양 문물을 수입한 일본인의 번역을 아무런 반성없이 수용했기 때문이며, 그들은 지금도 의심하지 않는다. 예를 들어 헤겔의 주저 <The Phenomenology of Spirit>을 일본 번역을 모범 삼아 <정신현상학>으로 번역한다. Spirit의 어원은 고대 희랍어 '프뉴마pneuma'이며, 이는 '프쉬케psyche'를 어원으로 하는 'soul'과는 그 의미가 다르다.

예를 들어 설명해 보자. 여기 여러 사람들이 있다. 그들을 알파벳으로 표시해서, A, B, C, D, E라고 해 보자. 이들을 집합 {A, B, C, D, E}로 묶어 보자. 이들은 모두 육체가 있지만, 각자 저마다 다른 정신이 있다. A를 다른 사람과 구별하여, A라는 정체성을 갖게 만드는 그 사람의 정신이 있을 것이다. 그것을 일컬어 spirit이라고 하지 않는다. 일반적인 단어를 쓰면 mind이고, A라는 사람을 강조하면 soul이다. 다시 말하면, A에게 A의 soul이 없다면, 육체가 있어도 더 이상 A가 아니다. B, C, D, E도 마찬가지다. 각자 soul이 다르고, 그렇기 때문에 저마다 고유하다. 그런 soul을 A, B, C, D, E 가 갖고 있다. 이것이 서양 철학자들의 공통된 생각이다. 그런데 이와 달리 A, B, C, D, E에 속하지 않으면서, 그러므로 누군가의 정체성과는 무관하면서, {A, B, C, D, E} 모두에게 작용하는 물질적이지 않은 힘을 생각해 볼 수 있을 것이다. 그것을 일컬어 spirit이라고 했다. 서양 사람들은 그 힘을 신성하게 여겼다. 왜냐하면 서로 다른 soul을 갖고 있는, 서로 다른 사람들인 {A, B, C, D, E}에 공통적으로 영향력을 미치려면 각자의 soul보다는 훨씬 큰 힘이어야 하고, 그런 힘은 인간에게서 나온 것이 아니라고 여겼기 때문이었다. 그래서 spirit은 신을 뜻하거나 신성한 힘을 의미했다. 그러므로 하나님God을 성령Holy Spirit으로 부르는 것이다. spirit은 영이다.

그런데 과거 일본 번역가가 spirit을 '精神'으로 번역했다. 精神이라는 한자에는 과연 '神God'이 들어있기는 하다. 그러나 그 단어가 실제로 쓰이는 의미에서는 신이 결코 나타나지 않는다. 철학이라는 단어를 만들어 낸 메이지 시대 번역가 니시 아마네는 본래 주자학을 공부한 사람이었다. 주자학을 창시한 중국 송나라 유학자 주희가 강학하면서 제자들의 질문에 답한 어록 모음집인 <주자어류>에 수록된 '정신일도하사불성'이라는 문구를 니시 아마네가 몰랐을 리 없다. 그때의 정신은 사람의 생각을 뜻하는 것이다. '사물을 느끼고 생각하며 판단하는 능력이나 작용'이 정신이라는 단어의 뜻이다. 그러나 서양 철학의 문헌에서 spirit이라는 단어는 '신' 혹은 '신성한 무엇'을 지칭한다. 적어도 A, B, C, D, E라는 사람들에게 공통으로 작용하는 영적인 힘을 뜻한다. 정신이라는 단어에는 그런 뜻이 없다. A의 정신, B의 정신, C의 정신, D의 정신, E의 정신이 각각 다를 뿐이다.

그러므로 spirit의 번역어로 '정신'이라는 단어를 사용하면, 서양 원문에서 전하려는 메시지를 잃고 만다. 본래의 메시지를 상실하니 그 단어가 사용된 문장의 의미와 맥락이 불명확해진다(4점). 정신이라는 단어는 초등학생도 아는 단어이더라도(0점), 오역이라는 사실에는 변함이 없다(4점). Spirit을 정신으로 번역하면, 정신 집중, 정신 치료, 정신병원, 정신 문제 등등, soul과 공통 어원을 갖는 다양한 '정신'이 들어간 표현과 혼동이 생긴다. 그러므로 소통에 혼란을 초래한다(3점). 따라서 나는 spirit에 대한 번역어 '정신'에 대한 단어 위상을 다음과 같이 부여한다.

$$정신 = \begin{pmatrix} 4 & 0 \\ 4 & 3 \end{pmatrix}$$

괴썸한 철학번역

서양 철학은 기독교와 긴밀한 관계로 발전했다. 서양의 사상은 한편으로는 철학으로, 다른 한편으로는 종교로 우리나라에 수입되었다. 철학에서 spirit을 정신으로 번역한 결과, 기독교와 철학의 관계가 훼손됐다. 본래의 의미를 되찾으려면 성경의 번역을 따르는 것이 좋다. 그러므로 '영'으로 번역한다. 영은 인간의 힘을 초월한 존재로서 신성한 무엇을 연상케 한다는 점에서 의미가 명확하다(1점). 정신이라는 단어보다는 난이도가 있겠지만, 고등학생 수준의 어휘를 넘지는 않는다 (2점). 출발 언어 spirit과 도착 언어 영은 의미적으로 동일한 범위 안에 있다(1점). 물론 문맥에 맞게 더 좋은 단어를 탐색해서 번역해도 좋을 것이다. 그러나 적어도 철학에서는 그 문맥에서 '신성함'이 전해져야 한다. 소통에는 문제 없겠으나, 오랫동안 정신이라는 단어를 고집해 온 철학자 그룹에서는 약간의 오해가 있을지도 모르겠다(1점). 그러므로 spirit에 대한 번역어 '영'의 단어 위상은 다음과 같다.

$$영 = \begin{pmatrix} 1 & 2 \\ 1 & 1 \end{pmatrix}$$

그렇다면 spirit의 번역어로 정신과 영 중에서 어느 쪽이 더 좋은 선택인지는 자명해졌다. <순수이성비판> 중에서 한 단락의 문장을 가져와 보자. 이 예시 문장들에서 '순수 지성 개념'은 인간 누구에게나 머릿속에 들어있는 12개의 범주[D]를 뜻하고, 이 범주들을 연결함으로써, 어째서 우리 인간이 ― 누가 특별히 가르쳐 주지 않았음에도 ― 신이라는 개념까지 생각하게 됐는지, 그 실마리를 칸트가 규명하고 있다.

〈내가 순수 지성 개념을 갖게 되자, 나는 정말이지
불가능한 것 같은 대상조차 생각해 낼 수 있게 되

었다. 나는 그 자체로는 가능할 수 있어도 경험할 수 없는 그런 대상들도 생각해 낼 수 있다. 그런 대상들은 **경험으로는 주어질 수 없는 것**이니, 순수 지성 개념들을 연결함에 있어서, (**spirit**이라는 개념에서처럼) 경험을 가능하게 하는 조건에 반드시 속해야 하는 무언가가 빠졌기 때문이거나, (**신**이라는 개념에서처럼) 순수 지성 개념이 경험이 다다를 수 있는 것보다 더욱 확대된 것이기 때문이다〉

만약 여기서 spirit을 '정신'으로 번역한다면, 위 단락의 의미를 전혀 이해할 수 없다. 왜냐하면 정신은 경험할 수 **있고**, 경험으로 **주어지는** 대상이기 때문이다. 나의 정신에 대한 경험을 일컬어 내적 경험이라고 한다. 또한 정신에 관한 경험지식 체계를 심리학이라 한다. 더욱이 정신에서 무언가가 빠졌다면 정신병리적인 문제로 파악되는 것일 뿐, 경험할 수 없는 게 아니다. 그러므로 spirit을 정신으로 번역한다면, 정신에 대한 상식적인 지식을 가진 독자들은 칸트의 설명을 결코 이해할 수 없게 된다. 그러나 위에서 인용한 것처럼 '영'으로 번역하면 완전히 쉽게 이해된다. 우리가 경험하는 것은 모두 형체가 있는 것이다. 크기가 있거나 정도가 있다. 그러나 영은 형체가 없는 존재로서 크기도 없고 정도도 없으므로 경험에서 가능한 조건이 빠져 있고, 그래서 우리가 영을 경험할 수 없는 것이다. 단어 하나만 올바르게 바꿔도, 철학이 이렇게 명확해진다. 단어 하나만 잘못 사용해도 철학은 극히 난해해지고 만다.

주석 D: 12개의 범주는 4개의 범주 유형으로 나뉘며, 각각 3개의 범주가 속해 있다. 양의 범주에서는 하나, 복수, 전체의 범주가 속한다. 질의 범주에서는 실체, 부정, 제한이, 관계의 범주에서는 본질과 우연, 원인과 결과, 능동과 수동의 상호작용이 속한다. 마지막 양상의 범주에 속하는 범주들은 각각 가능/불가능, 존재/비존재, 필연/우연이다.

주석 E: 임마누엘 칸트, 〈순수이성비판〉, A96.

괴씸한 철학번역

Soul

정신이냐

영
혼
이
냐

괘씸한 철학번역

이미 우리는 위에서 soul이라는 단어를 살펴봤다. 그것은 '인간의 정신'을 뜻한다. 그런데 이 나라의 철학자들은 한결같이, 마치 기계처럼, soul을 귀신 냄새 나는 단어인 영혼으로'만' 번역한다. 만약 귀신의 기운을 느끼는 단어가 필요하다면 그것은 soul이 아니라 spirit이 될 수 있음을 잊지 말아야 한다. Spirit은 정령이나 악령까지 포함하는 단어이기 때문이다. 그런데 soul은 spirit보다 간단하지 않다. 인간은 죽는다. 그러므로 홍길동은 죽는다. 그때 홍길동은 귀신이 될 수 있고(옛 사람들이 그렇게 생각했다는 의미이다), 그렇다면 그 사후의 홍길동을 일컬어 spirit이라 부르기는 어렵다. 왜냐하면 spirit은 홍길동을 특정하는 단어가 아니기 때문이다. 그 죽은 홍길동의 넋을 일컬어서도 서양 사람들은 soul이라 칭했다.

서양 철학의 전통에서 인간은 육체와 정신, 양쪽에서 고찰되었다. 사람은 죽는다. 사람이 죽으면 육체는 사라진다. 그렇다면 인간 생명의 근원은 육체가 아니라 정신일 것이다. 옛 사람들은 생명이 본질이라면 소멸되지 않을 것이고, 소멸되는 것은 생명의 본질이 될 수 없으리라고 생각했다. 그러므로 정신이야말로 우리 인간 생명의 **숨결**이다. 소크라테스는 소크라테스의 정신이 있고, 그것이 바로 소크라테스를 소크라테스로 만드는 숨결이다. 이렇게 서양 철학자들은 생각했던 것이다. 그 인간을 그 인간이게 하는 참된 **형식**은 정신에 있고, 육체는 그 정신에 결합된 재료로 보았다. 그때의 정신이 바로 soul이다. 정신은 머리mind에서 이루어지는 머릿속의 활동이기도 하다. 다만, mind가 좀 더 일반적인 의미의 머릿속 활동이라면, soul은 '그 사람'의 고유한 정신을 일컫는다.

앞에서 언급한 것처럼, soul의 어원은 고대 그리스어 프쉬케psyche이다. 인간 정신을 탐구하는 학문인 심리학은 psychology라고 부른다. 정신의학은 psychiatry, 정신병은 psychopathy, 정신분석은 psychoanalysis, 반사회적 성격장애는 psychopath라 칭한다. 모두 soul 과 어원이 같은 단어이다. 이처럼 다른 분야에서는 모두 '정신'으로 번역하는데, 철학자들은 soul을 '영혼'으로만 번역한다. 어째서? 아마도 한국 철학자들의 스승이자 모범인 일본 학자들이 soul을 靈魂 혹은 魂으로 번역했기 때문이다. 또한, 정신이라는 단어를 spirit의 번역어에 빼앗겼기 때문일 것이다. 그걸 바꾸려면 서양 철학사의 정상에 있는 헤겔의 <정신현상학>을 <영의 현상학>으로 교정해야 하지만, 이런 교정은 일본식 번역의 족쇄에 만족해하는 이 나라의 철학자들에게는 불가능한 일이다.

앞에서도 언급한 것처럼, spirit이라는 단어와 달리, soul이라는 단어의 의미 변천사는 훨씬 다양하고 역동적이었다. 왜냐하면 철학자들은 삶과 죽음을 함께 고려하면서 인간의 정신을 탐구했기 때문이었다. 그런 점에서 보면, '영혼'이라는 번역 자체가 완전히 잘못된 것만은 아니다. Soul은 육체에 생명을 불어넣는 숨결이라는 뜻이었다. 그런데 '사람이 죽은 다음에 그 숨결은 어떻게 되지?'라는 보편적인 질문이 인류에게 생겼다. '그 사람의 soul'은 사후의 세계에서 어떻게 될 것인지에 대한 답을 철학자들은 내놓아야 했다. 그것이 바로 저 유명한 **'Immortality of the soul'**의 문제다. 칸트의 <순수이성비판> 후반부의 거대한 주제 중 하나가 바로 저것이다. 철학자들은 '영혼의 불멸성'으로 번역한다. '불멸의 정신'이라는 표현이 자연스럽게 사용되는 것처럼, '정신의 불멸성'이라고 번역해도 괜찮을 것이다. 하지만 우리 한국인들은 죽은 다음의 정신을 '영혼'이라고 일컫기도 하기 때문에, '영혼의 불멸성'은 원문의 메시지를 잘 담는 번역이다.

살아있는 인간의 soul을 지칭하는 번역어로 '영혼'을 사용한다면, 그 단어가 들어간 문맥이 불명확해진다(4점). 중학생 수준이라면 영혼이라는 단어를 모르지 않을 것이다(1점). 영혼은 기본적으로 죽은 사람의 넋이므로 살아있는 인간을 지칭해서 사용한다면, 설령 그 의미가 유사할지라도 원문의 soul과는 다른 의미가 되며(3점), 철학 자체를 종교적인 느낌으로 만들기 때문에 혼란을 초래한다(3점). 따라서 나는 살아있는 인간의 soul에 대한 번역어 '영혼'의 단어 위상을 다음과 같이 부여한다.

$$영혼 = \begin{pmatrix} 4 & 1 \\ 3 & 3 \end{pmatrix}$$

위와 같은 단어의 위상으로 soul을 번역하기 때문에 철학이 어려워지는 것이다. 그러므로 다른 대안을 찾아야 한다. 그런데 **사후 인간의 soul**을 지칭하는 번역어로 '영혼'을 사용한다면, 단어의 위상은 아래와 같이 변화한다.

$$영혼 = \begin{pmatrix} 0 & 1 \\ 1 & 0 \end{pmatrix}$$

이 정도의 단어 위상이라면 매우 좋은 번역어이다. 사후의 인간에 관한 soul을 지칭하는 것이라면 '영혼'으로 번역하는 것이 타당해 보인다. 그렇다면 살아있는 인간의 soul에 대한 번역어로서 '정신'의 단어 위상을 살펴보는 일만 남았다. Soul이 들어간 문장을 번역하면서 정신이라는 단어를 사용하면 그 문장의 의미가 자명해진다(0점). 정신은 초등학생도 아는 단어이다(0점). 출발 언어와 도착 언어의 의미가 일치한다(0점). 오해 가능성도 없고, 소통에도 아무런 문제가 없다(0점). 그렇다면 그 단어의 위상은 아래와 같고, 더할 나위 없이 좋은 번역이다.

$$정신 = \begin{pmatrix} 0 & 0 \\ 0 & 0 \end{pmatrix}$$

그렇다면 철학에서 soul은 {정신, 영혼}이라는 번역어 집합에서, 살아있는 인간의 비물질적인 생명을 지칭할 때에는 '정신'을, 사후 세계의 인간을 지칭할 때에는 '영혼'이라는 단어를 선택해서 번역해 봄직하다. 출발 단어와 도착 단어가 항상 일대일로 대응해야 하는 것은 아니다.

철학에서 표상representation은 '머릿속에 있는 것'을 뜻
한다. 근래 들뢰즈를 번역하는 사람들이 표상을 일컬어
'재현'이라는 단어로 번역하곤 하다. 재현하든 재현하지
않든 인간 머릿속에 들어있는 것은 모두 표상이다. 외
부 사물에 관한 것이든, 내 머릿속에 있는 기억이든, 어
떤 개념에서 비롯된 것이든, 좌우가 머릿속에 있는 것
은 표상이다. 대상object은 우리가 직관하고 생각하는
목표를 뜻한다. 직관intuition은 대상을 머릿속으로 가
져오는 것이다. 현상appearance은 우리 머릿속 안으로
가져온 대상을 뜻한다. 이에 대한 상세한 용어 풀이는
QR 코드의 영상에서.

Perception

감지냐

지
각
이
냐

괴씸한 철학번역

학자들은 '지각'으로 번역한다. 무엇인가를 알아서 깨닫는다는 의미가 명확하게 전해진다(1점). 중학교 수준이라면 알 수 있는 어휘다(1점). 그러나 서양 철학, 특히 칸트 철학에서 perception은 안다는 의미, 깨닫는다는 의미가 들어있지 않다. 즉, 오역에 해당하는 번역이다(4점). Perception을 지각으로 번역함으로써 독자들이 <순수이성비판>의 전체 흐름을 이해하고, 그것을 소통하는 데 혼란이 초래되었다(3점). <순수이성비판>에서 perception은 수백 번 등장하는 단어이다. 따라서 perception의 번역어로서 '지각'의 단어 위상은 다음과 같다.

$$지각 = \begin{pmatrix} 1 & 1 \\ 4 & 3 \end{pmatrix}$$

본래 지각(知覺)이라는 단어는 '알아서 깨달음' 또는 그런 능력을 뜻한다. 사물의 이치나 도리를 분별하는 능력으로 이 단어가 사용되기도 한다. 무엇인가를 지각하려면, 사람은 그 무엇인가를 '생각'해야 한다. 생각 없는 지각은 있을 수 없다. 그런데 칸트 철학에서 perception은 생각이 없는, 아직 생각을 하지 않은, 즉 처리되지 못한 데이터를 의미한다.

우리가 무엇인가를, 어떤 대상을 인식하려면 두 가지가 반드시 필요하다. 첫째 직관이며, 그것을 통해 대상을 머릿속으로 가져올 수 있다. 둘째 개념이며, 그것을 통해 대상을 생각할 수 있다. 전자의 권능을 담당하는 머리의 요소가 '감성'이다. 그리고 후자의 권능은 '지성'이 담당한다. 감성은 생각할 수 없으며, 지성은 직관할 수 없다. 감성은 감각 데이터를 수용할 수 있을 뿐이며, 지성은 머릿속에서 변환된 감각 데이터에 개념을 적용하여 그것을 생각할 수 있을 뿐이다. 이것이 칸트 철학의 기본 원칙 중 하나이다. 그래서 감성은 **수용력**이라고 하고, 지성은 **사고**

력이라 부르는 것이다. 그렇다면 감성과 지성 사이의 데이터 교환 혹은 처리는 어떻게 이루어지는가? 감성이 지성으로 감각 자료를 전달한다. 그것을 일컬어 perception이라 한다. 이것은 전혀 생각되지 않은 상태의 자료이다. 반면 우리말 '지각'은 적극적으로 생각을 적용한 결과, 앎에 이르게 된 상태이므로, perception의 번역어가 될 수 없다. 그런데 과거 칸트 철학을 제대로 이해하지 못한 일본 학자가 그런 뜻을 갖고 있는 perception을 '知覺'으로 번역했던 것이고, 한국 학자들이 그걸 무비판적으로 수용했다. 우리 한국인에게 다른 단어는 없을까? 당연히 있다.

앞에서 설명한 것처럼, 칸트 철학에서 감각 데이터는 우리들 감각기관을 통해 우리 머리 안으로 수용된다. 순식간에 이루어진다는 특징이 있다. 예컨대 디지털 센서가 대상을 센싱해서 프로세서에 전달하는 행위, 그것이 바로 perception이다(이때 센서는 센싱된 데이터가 도대체 무엇인지 알지 못한다. 그걸 알려면 데이터를 처리할 프로세서가 필요하고, 칸트 철학에서도 마찬가지다. 감각 자료를 처리하는 프로세서가 지성이다). 다시 말하면, perception은 마치 적외선 센서가 인체를 순식간에 센싱해서 프로세서와 통신하여 센싱 데이터를 프로세서로 전달하는 것과 같은 의미이며, 그러므로 이는 센싱의 우리말 번역어인 '감지'에 해당한다. 다만, 대상을 센싱하는 바로 그 순간을 감지라고 하는지, 아니면 센서가 프로세서에 보내는 센싱 데이터를 감지라고 하는지는 다소 불분명하다. 그러나 순수이성비판 B판에서 칸트는 후자가 감지에 해당함을 분명히했다.

감지는 그 의미가 자명하다(0점). 중학교 수준의 어휘이다(1점). 또한 감지는 perception과 동일한 범위 안의 뜻을 갖는다(1점). 의미를 오해할 가능성도 없고, 소통하는 데 어려움도 없다(0점). 그러므로 '감지'의 단어 위상은 다음과 같다.

$$\text{감지} = \begin{pmatrix} 0 & 1 \\ 1 & 0 \end{pmatrix}$$

혹자는 이러한 나의 분석과 검증을 반박하면서, 그럼에도 '지각'이 맞노라고, 국어 사전에는 '감각 기관을 통하여 대상을 인식함'이라는 뜻풀이가 지각이라는 단어에 등재되어 있고, 영어 사전에도 perception의 한 국어 뜻풀이로 '지각'이라는 단어가 기재되어 있노라고 주장할지도 모르겠다. 학자들의 잘못된 번역이 사전을 오염시킨 사건이 한두 가지가 아니며, 일본 사전을 모방하여 국어 사전을 어지럽힌 역사가 짧지 않다. 이에 관해서 이미 나는 앞에서 **<언어 유린의 무한 순환 사건의 전모>**를 밝힌 바 있다.

Apperception

자의식이냐

통
각
이
냐

괴씸한 철학번역

감성이 지성으로 감각 자료를 전달하는 것을 일컬어 칸트는 perception 이라 칭했다. 이때 지성으로 전달되는 자료는 전혀 생각되지 않은 상 태의 자료였다. 감성은 대상에 대한 정보를 수용만 하기 때문이다. 반 면 지성은 감각 자료를 생각한다. 다시 말하면 우리의 의식이 개념을 적 용해서 하나의 판단을 만들어 내는 것을 일컬어 칸트는 apperception 이라 칭했다. 접미어 'ap'는 '~쪽으로'라는 뜻을 갖는다. 칸트는 수동적 인 감성에 대한 지성의 능동적인 역할을 강조하기 위해 apperception 이라는 단어를 사용하면서, **철학적 말놀이**를 한 것이다. 한국어 번역 에서도 말놀이를 할 수 있었다. 만약 perception을 '감지'로 번역했다 면, apperception을 '지각'으로 번역하면서, 전자는 감각을 통한 수용 성, 후자는 지성을 통한 사고력이 대비되도록 표현할 수 있었을 것이 다. 그런데 '지각'을 perception의 번역어로 낭비하고 말았다. 이것을 이 제 와서, 한 세기가 지난 이 시점에, apperception의 번역어로 사용한 다면 적지 않은 혼란이 초래될 것이다. 그러므로 '지각'이라는 단어를 apperception의 번역어로 사용하는 것은 불가능해 보인다.

학자들은 apperception을 일본 번역을 그대로 모방하여 '통각'으로 번 역한다. 애당초 우리말이 아니므로 그 의미가 불명확하다(4점). 극소수 의 전문가만이 공부를 통해 그 뜻을 알 수 있다(4점). 동일성 범위 안의 번역이라고 인정한다고 하더라도(1점), 이 단어로 소통하는 것은 불가능 하다(4점). 쓸데없이 철학을 어렵게 만드는 대표적인 단어이며, 독자를 안중에 두지 않는 인식이 들어있는 번역어가 바로 '통각'이다. 이 단어의 위상은 다음과 같다.

$$통각 = \begin{pmatrix} 4 & 4 \\ 1 & 4 \end{pmatrix}$$

통각이라는 단어를 접하는 한국인은 백이면 백, 고통스러운 자극에 의해 발생하는 통각(痛覺)을 연상한다. 그러나 학자들의 번역어는 그런 단어가 아니라 '統覺'이다. 옛날 일본 학자가 한자를 조립해서 발명한 단어이며, 정작 평범한 일본인도 모르는 단어다. 특별한 해설이 없다면, 평범한 한국인은 이 단어를 해독할 수 없다.

칸트 철학의 대강을 다시 설명해 보자. 인간은 감각을 통해 대상에 대한 각종 데이터를 머릿속으로 가져온다. 그런 데이터를 '구슬'이라고 비유해 보자. 여기 '하나의 대상'이 있다. 그렇다면 머릿속에서도 그 대상은 하나여야 한다. 머릿속에 있는, 그 대상에 대한 구슬을 **표상** representation이라 일컫는다. 머릿속에는 많은 것이 있다. 그래서 표상은 많다. 즉 구슬은 한두 가지가 아니다. 수많은 구슬 중에서 필요한 구슬을 선별해서 모은 다음에 그것들을 꿰어서 연결해야 한다. 그런 연결을 종합synthesis이라 하며, 칸트는 상상력이 그런 역할을 한다고 말했다. 우리 지성에 선별된 구슬들을 전달하는 것이 바로 perception이다. 아직 머릿속에서는 하나의 대상이 되지 못했다. 다음으로 지성이, 더 정확하게는 '나는 생각한다'라는 나의 자기 의식self-consciousness이 구슬을 모두 하나로 묶는다. 감성이 지성에 전달한 데이터(perception)에, 지성이 개념을 적용함으로써, 머리 바깥의 대상과 머릿속의 대상을 일치시키고, 결과적으로 대상에 대한 앎에 이르게 된다. 예를 들어서 어떤 환자가 있다고 가정하자. 당신은 그 환자의 질병을 알아내야 한다. 당신의 머릿속으로 다양한 증상에 대한 데이터가 들어온다. 그 데이터를 구슬이라고 계속 비유해 보자. 어떤 구슬에는 '물을 많이 먹는다'라고 쓰여 있고, 어떤 구슬에는 '화장실에 자주 간다'라고 쓰여 있으며, 그 밖에도 여러 구슬이 있었는데, '자꾸 음식을 먹는다', '체중이 감소되었다', '눈이 침침하다' 등등의 구슬이었다. 당신의 의식이 그런 구슬을 모두 연결한 다음에, '당뇨병'이라는 **개념을 적용하는 순간**, 그 환자의 질병에 관한 모든 구슬은 당뇨병이라는 개념에 의해 하나가 되는 것이다. 이때 당뇨병이라는 개념으로 구슬을 모두 꿰어서 하나의 앎에 이르는 자기 의식의 활동이 바로 apperception이다. 자기 의식이 드디어 대상이 무엇인지 깨달아 앎에 이르렀으므로, 그런 뜻으로서 지각으로 번역하는 게 좋지만, 그럴 수 없는 사정을 위에서 언급했다. 칸트는 apperception은 자기 의식self-consciousness이라고 부연해서 정의했으므로, 대체 번역어로 '자의식'을 선택할 수 있을 것이다.

자의식은 자기의 의식이라는 점에서 그 의미가 명확하다(1점). 중학생 수준으로도 능히 알 수 있는 쉬운 단어이다(1점). 칸트가 apperception은 자기 의식이라고 했다는 점에서 원문과 동일성 범주 안에 있으며(1점), 설령 학자들이 오랫동안 일본말인 '통각'을 사용해 온 상황에서도 오해 가능성이 존재하지 않을 것이다(0점). 칸트 전공자라면 apperception이 자의식임을 모를 리 없고, 칸트 전공자가 아니라면 어차피 통각이라는 말을 모르는 대신 자의식이라는 단어의 뜻은 쉽게 파악하기 때문에 소통에 혼란이 일어나지는 않는다. 그러므로 이 단어의 위상은 다음과 같다.

$$\textit{자의식} = \begin{pmatrix} 1 & 1 \\ 1 & 0 \end{pmatrix}$$

'자각'이라는 단어도 생각해 볼 수 있다. 그러나 다음 세대에 이르러 '지각'이라는 단어가 apperception의 번역어로 사용되기를 희망하고, 지각과 비슷하게 생긴 '자각'이라는 단어가 그런 희망을 방해할까 봐 우려된다는 점에서 채택하지 않기로 한다.

a priori

선천이냐

선
험
이
냐

칸트 철학을 대표하는 이 개념어는 라틴어에서 유래된 단어로 '경험과는 독립적인, 경험에 앞서는, 비경험적인, 경험과 무관한'이라는 뜻이다. 최재희는 '선천적'으로 번역했고, 백종현은 '선험적'으로 번역했다. '선천적'이라는 단어는 그 의미가 명확하다(1점). 중학생 수준의 지식만 있어도 한국인들은 이 단어의 뜻을 안다(1점), 태어날 때부터 지니는 속성을 뜻한다는 점에서 당연히 경험에 앞서고 경험적인 요소를 전혀 갖지 않게 된다. 그러므로 a priori와 동일성 범위 안에 있다(1점). 근래 학자들이 '선험'이라는 단어를 많이 쓴다는 점에서 다소 헷갈림이 존재할 수도 있겠으나, 소통에는 아무런 어려움이 없다(1점). 그러므로 a priori의 번역어로서 '선천적'이라는 단어의 위상은 다음과 같다.

$$선천적 = \begin{pmatrix} 1 & 1 \\ 1 & 1 \end{pmatrix}$$

이 정도의 단어 위상이라면 a priori의 번역어로 손색이 없다. 선험은 일본식 한자어 조립으로 만들어진 단어여서 일상 생활에서는 사용되지 않는 단어이다. 본래 우리말이 아니기 때문에 의미가 다소 모호하다(3점), 이 단어를 제대로 이해하려면 칸트 철학을 소개하는 책을 읽어 본 경험이 있어야 하거나, 누군가의 해설을 들어야만 어렴풋하게라도 이해할 수 있다(3점), 그렇다고 해서 칸트가 말하려는 a priori와 의미적으로 동일성 범위에 있는가 하면, 그렇지도 않다(2점). 선험이라는 단어를 설명할 때마다 '경험에 앞선'으로 그 의미를 풀어야 하는데, 그때마다 필요 이상으로 순서성이 강조되고 만다. 칸트가 a priori라는 단어를 사용한 까닭은 <모든 지식은 경험에서 생겨난다>라는 명제를 반박하기 위함이었다. 그러면서도 <모든 지식은 경험에서 시작된다>라는 명제는 옹호해야 한다. 이 두 가지 명제가 함께 존속해야 한다. 이런 문제를 해결하려면, 단지 순서성만을 강조하는 게 아니라(그러면 두 번째 명제를 위반한다), 경험과 무관한 것도 있음을 강조해야 한다. 그렇게 함으로써 경험적 지식은 경험을 통해 알게 된다는 상식을 지킴과 동시에, 경험과 무관한 지식의 경우, 한편으로는 경험함으로써(공부함으로써) , 즉 경험적 지식으로 바꿈으로써 '알게' 되고, 다른 한편으로는 비경험적인 루트를 통해 '지니게' 된다고 설명할 수 있다. 이런 생각을 좀 더 쉽게 표현하기 위해 칸트는 a priori라는 단어를 쓴 것인데, '경험에 앞선'이라는 순서성의 의미보다는 '경험에 독립적인' 혹은 '경험과 무관한'이라는 의미가 더 강하다. 예를 들어 수학이나 자연과학의 법칙들 자체는 경험과는 관련이 없다. 그런데 그것들의 성격이 선험적이라고 표현하면, 의미적으로 이상해진다(이 경우 선천적이라고 표현하면 의미적으로 이상해지지 않는다. 왜냐하면 설령 비과학적이고 설령 동의하지 않는다 할지라도 우리 인간은 하늘에서 비롯된 우주의 섭리라는 개념을 자연스럽게 받아들이기 때문이다). 이로 말미암아 소통의 혼란을 초래한다(3점). 그러므로 a priori의 한국어 번역어로서 '선험적'의 단어 위상은 다음과 같다.

$$선험적 = \begin{pmatrix} 3 & 3 \\ 2 & 3 \end{pmatrix}$$

'선험적'은 '선천적'이라는 단어보다 나을 게 없는 번역어이다. 반세기 전에 사용하던 단어가 요즘 유행하는 단어보다 더 좋은 번역이라니, 당대의 철학자들이 부끄럽다. 그런데 근래 한국칸트학회는 a priori를 라틴어 음역 그대로 **'아프리오리'**로 번역해야 한다고 주장하면서 그것이 학회의 '필수 표기법'임을 당당하게 발표했다. 오늘날 철학자들이 사회에서 얼마나 멀리 격리되고 말았는지를 대표적으로 증거하는 사례이다. 이 단어의 위상은 다음과 같다. 명확, 불명확을 따질 수 없을 정도로 의미가

통하지 않는다(4점), 칸트를 전공한 학자들에게는 무리 없는 단어일 것
이다. 그러나 일상 생활에서 이 단어를 사용하면서 아는 척하면 욕만 먹
는다(4점), 원문을 음역했으므로 출발 언어와 도착 언어의 의미가 일치
했다(0점). 그러나 귀찮아서 번역하지 않은 셈이고, 소통을 포기한 번역
이다(4점). 아프리오리 번역어를 주장하는 사람들은, '선천'이라는 단어
가 학문적이지 않아서 싫고, '선험'은 transcendental의 번역어로 사용하
고 싶기 때문이다. 어느 쪽이나 타당하지 않다. 도무지 채택할 만한 번역
어가 아니다.

$$아프리오리 = \begin{pmatrix} 4 & 4 \\ 0 & 4 \end{pmatrix}$$

새로운 단어를 접해 그걸 기억하는 것도 철학의 즐거움이다. 그러나 그
걸 소통의 규범으로 삼고자 한다면, 대가를 지불해야 한다. '철학 죽이기'
이다. 이런 대가가 한국인에게는 큰 손해이지만, 칸트 학회 소속 철학자
들에게는 대수롭지 않은 것 같다. 철학을 컬트화하면서 철학자가 살고,
칸트를 죽이면서 칸트 전공자가 옷깃을 세우는 그런 기이한 일로 비쳐
진다. 칸트 철학에 제대로 입문한 다음에, 철학 용어의 즐거움을 누려도
좋을 일이다. 그러나 그 입문을 방해하는 용도로 쓰여서는 안 된다. 제법
무리 없이 의미를 전할 수 있는 '선천적'이라는 단어가 있음에도, 그걸
외면하고 평범한 한국인이 알 수 없는 저 국적 없는 단어인 '아프리오리'
로 번역해야 한다는 주장은 학자가 자기 지식을 독자에게 강요하려는
엘리트의 욕망에 불과하다. 지식 공유가 문화로 자리잡은 이 시대에 극
소수의 사람끼리 대화할 수 있는 단어로 칸트 철학을 독점하고 싶은 욕
망은 시대에 한참 뒤쳐진 발상이다. 특히 다른 책은 몰라도 <순수이성

비판>에서는 그런 발상조차 불가능해 보인다. a priori는 <순수이성비판>에서 800회 넘게 등장하기 때문이다. 한 권의 책을 한국어로 번역하면서 독자들이 알지도 못하는 '아프리오리'라는 단어를 800번이나 반복해서 번역한 <순수이성비판>을 상상하면 내 마음이 다 아프다.

요긴한 지식 4 | 개념이란 무엇인가?

개념이란 무엇인가? 철학은 개념의 학문이라고 부르
니, 개념의 뜻을 정확히 이해할 필요가 있다. 국어 사전
은 〈어떤 사물이나 현상에 대한 일반적인 지식〉을 뜻한
다고 적혀 있지만, 모호한 뜻풀이다. 철학에서 개념이
란 '의미를 갖는 단어'를 뜻한다. 그렇다면 세상에는 개
념이 엄청 많은 것인가? 그렇다. 여러분 머릿속에는 이
미 수만, 수십 만 개의 개념이 들어있다. 대부분은 직간
접 경험을 통해, 공부를 통해 습득한 것이다. 경험이 아
에 없다면? 아니면 경험을 모두 지웠다면? 존 로크는 '
타불라 라사'라 하여 인간의 머릿속은 백지 상태라 하
였다. 그러나 비경험적인 개념, 순수 개념의 존재를 밝
힌 칸트는, 백지 상태를 부정하면서, 순수지성개념(범
주)과 순수이성개념(이데아)을 제시한다. 더 자세한 설
명은 QR 코드 영상을 통해.

Transcendental

초월이냐

선
험
이
냐

괘씸한 철학번역

2018년의 일이었다. 칸트 철학의 몇몇 용어를 둘러싸고 백종현 교수 쪽과 한국칸트학회 쪽으로 나뉘어서 한겨레신문에서 지면 논쟁을 벌였다. 칸트 번역 논쟁이 시작됐다면서 대단히 이슈가 되기는 했는데, 그 실질은 아카넷 출판사의 칸트 번역본과 한길 출판사의 칸트 번역본, 다시 말하면 백종현 교수의 번역본과 한국칸트학회의 집단 번역본 사이의 출판 시장 논쟁에 불과했다. 호들갑을 떨 일은 아니었다. 한국칸트학회는 최재희 교수의 번역을 계승한 것이다. 다음과 같이 정리할 수 있다.

최재희 번역(한국칸트학회)	백종현 번역
선험적	초월적

이 단어는 <순수이성비판>에서 약 650회 정도 나타난다. 칸트는 transcendental이라는 단어의 뜻을 여러 번 반복해서 강조한다. 사실 그다지 어려운 의미의 단어가 아니다. 독일어든 영어든 한국어이든 그냥 '초월적'이라는 뜻이고, 여기에 어떤 잘못이 없다. 그런데 '초월적'이라는 표현을 들었을 때, 사람들의 머릿속에서 생기는 어떤 신비적 어감과 칸트가 transcendental이라는 단어로 전하려는 메시지 사이에 차이가 있다. 예를 들어 '초월적 존재'라고 한다면, 우리는 금방이라도 어떤 한계를 뛰어넘는 신 같은 존재를 떠올린다. 서양 사람들도 마찬가지였다. 그런데 칸트는 그런 의미의 단어로는 transcendental이 아닌 transcendent라는 단어를 쓴다. 하지만 칸트가 완벽하게 구별해서 쓰는 것도 아니어서 가끔 transcendent라는 단어를 쓸 대목에서 transcendental이라는 단어를 사용하기도 한다. 칸트 학자들은 칸트의 잘못이라고 한다. 그러나 칸트가 스스로 잘못이라고 생각하지는 않았을 것이다. 왜냐하면 칸트 스스로 transcendental과 transcendent의 차이를 분별하고 있기는

하지만, 동시에 '초월'이라는 이 두 단어의 의미적 공통점도 분명히 알고 있기 때문이다. 그래서 수정할 기회가 있었음에도 굳이 고치지 않은 것이다.

한국어 번역어를 분석하기 전에 칸트의 메시지를 먼저 살펴볼 필요가 있다. 우리 인간은 대상에 대한 지식을 그 대상과 관계 맺는 행위, 즉 경험을 통해 획득한다. 그런데 사람마다 경험이 다르기 때문에 대상에 대한 지식이 같지 않다. 경험이 차이를 만든다. 당신과 나 사이에는 경험이라는 장벽이 있다. 우리는 서로 완전히 다른 사람이므로, 경험이 한계 짓는 그 경계는 필연적이고 절대적이다. 그런데 우리는 당신과 나 사이에 공통점이 있다는 것을 안다. 그것이 인간을 인류로서 존재하도록 만드는 것이며, 칸트가 그것을 탐구한다. <순수이성비판>은 지식을 얻으려는 '인류 공통의' 머릿속 알고리즘에 대한 보고서이다. 칸트는 생각한다. 그런 경험의 장벽과 한계를 넘어설 수 없을까? 만약 경험을 초월할 수 있다면, 당신과 나는 다같이 '인류'로서 차이가 없어진다. 그때의 초월이 바로 transcendental이다. 우리가 무엇인가를 '인식'할 때 경험의 한계는 분명히 있다. 그럼에도 경험의 한계를 초월하려면 경험하기 전에 우리 인류가 공통적으로 미리 갖고 있는 것이 있어야 한다. 그러므로 '선천적 (a priori) 인식'의 성격이 있어야 한다. 그리고 그 결과가 중요하다. 경험의 한계를 초월했으므로, 결국 **'인류 공통의'**라는 뜻과 거의 정확히 일치한다.

칸트에게 이것은 너무나 중요하다. 왜냐하면 인간이 대상을 인식할 때, 다시 말하면 대상을 경험할 때, '그때 우리 인간의 머릿속에서 어떤 일이 일어날까?'를 탐구하는 작업이 <순수이성비판>이기 때문이었다. 인간의 머릿속으로 들어가는 작업이었다. 그때의 인간은 개별 인간이 아

괴씸한 철학번역

니다. 인류 전체에, 모든 인간에게 공통으로 적용할 수 있는 인간이어야 한다. 즉, **'초월적 인간'**이어야 하는 것이다. 사람은 모두 경험이 다르지만, 그런 경험의 한계를 초월해서 모든 인류에 적용할 수 있는, 그러므로 모든 인간이, 경험하기 전에, 이미 갖고 있는, 그러면서 경험을 가능하게 하는 그런 것을 일컬어 칸트는 transcendental이라고 했던 것이다. 그리고 칸트는 자신의 철학을 transcendental philosophy, 즉 **초월철학**이라고 명명했다. 이런 transcendental은 **인식 주체**가 갖는 초월이며, 이때의 초월은 경험의 한계를 초월하는 것이다.

한편 경험의 한계는 이런 인식 주체에만 있는 것은 아니다. **인식 대상**에 대해서도 경험의 한계가 있고, 이것은 초월할 수 없다. 그런 초월을 일컬어 칸트는 transcendent라 칭했다. 칸트는 인간의 지식은 경험을 통해 획득된다고 전제한다. 경험은 대상 그 자체를 직접 얻는 게 아니다. 인간의 머릿속으로 그 대상을 받아들이는 것이다. 이것이 바로 인식 대상에 대한 경험의 한계이다. 경험을 통해서는 대상 그 자체에 직접 닿을 수 없기 때문에, 그것의 '참된 의미'를 인간의 머릿속으로 가져올 수 없다. 그렇기 때문에 인간은 경험의 한계를 넘어서는 것을 알 수 없다는 결론에 이른다. 생각할 수는 있어도 진리는 알 수 없다는 뜻이다. 대상 그 자체는 경험의 한계 바깥에 있다. 그러므로 경험의 한계 바깥에 존재하는 모든 인식 대상은 transcendent의 성격을 갖고, 그런 것들에 관해서는 무엇이 참이요 무엇이 거짓인지 정확히 판단할 수 없다. '이것이 진리이다'라고 생각하는 순간 오류에 빠진다.

이처럼 transcendental과 transcendent, **둘 다** '경험의 한계를 초월한'이라는 뜻을 갖는다. **인식 주체에 관해서** 경험의 한계를 초월함으로써 인류 공통에 적용할 수 있다는 의미로는 transcendental이다. 이것은 긍정적인 의미를 갖는다. 반면 **인식 대상에 관해서** 경험의 한계를 초월함으로써 우리가 그것에 대한 참된 지식을 얻을 수 없다는 의미로는 transcendent이다. 이 경우에는 부정적인 의미가 된다.

한편 '선험적'의 단어 위상은 a priori에서 이미 검토했다. 일본 번역에서 수입한 이 단어는 한국인의 일상 생활에서는 사용되지 않는 단어이다. 그러므로 그 의미가 분명하지 않은 데다가(3점), 중고등학생 수준의 어휘력으로 쉽게 이해할 만한 단어가 아니다(3점). 칸트는 '경험과의 관계'에 관한 단어로는 주로 a priori라는 표현을 쓴다. 칸트가 쓴 문장을 가져와 보자.

> 〈여기서 나는 한 가지 논평을 해둔다. 그 중요함은 앞으로 이어지는 모든 고찰에 미치니 그러므로 주의 깊게 기억해야 한다. 모든 선천적 인식이 초월적이라고 칭해지는 것이 아니라[F], 어떤 표상들(직관과 개념)이 선천적으로 적용되거나 가능해진다는 사실을 우리가 인식하며, 또한 그런 것이 어떻게 이루어지는지를 우리가 선천적으로 인식하는 오직 그런 인식만을[G] 초월적이라 불러야 한다(즉, 인식을 선천적으로 가능하게 하거나, 선천적으로 사용하는 것)〉[H]

Transcendental을 '선험'으로 번역해야 한다고 주장하는 사람들은 칸트의 이 부분의 설명에 근거한다. 이처럼 칸트는, 인식 주체의 관점을 전제로, 경험에 근거하지 않은 a priori한 것을 transcendental이라고 호칭하는데, 이를 '선험'이라고 번역하면 완전 동어반복이 되고 만다. 그

괘씸한 철학번역

래서 이런 동어반복을 은폐하고자 이 단어를 '관례적으로' 고집하는 사람들은 a priori를 '아프리오리'로 음역하자고 주장하는 것이다. 서양에서든 한국에서든 transcendental은 '초월'이라는 본래의 의미가 있다. 이런 전통적인 의미를 무시하고 번역자가 함부로 '선험'이라는 단어를 붙이는 것은 저자의 의도에 반하는 것이다. 칸트가 transcendental과 transcendent를 가끔 혼용하는 까닭을 도무지 파악할 수 없게 만든다. 그러므로 오역이다(4점). 이런 번역가의 행동 때문에, 다른 분야의 학문에서는 transcendental을 초월이라고 번역해도 되지만 어째서 유독 칸트 철학에서는 선험이라고 번역해야 하는 것인지 헷갈리게 만들었을 뿐 아니라, 정작 칸트 철학에 대해서도 쓸데없는 번역 논란과 혼란을 초래하고 말았다(4점). 설령 그 의미가 선험적이라고 할지라도, 번역자가 주석을 붙이는 것만으로 충분함에도 저자의 영역까지 함부로 침범한 **월권**이라 하겠다. 이런 혼란을 자신만만하게 조장해서 얻을 이익도 없다. 그러므로 transcendental에 대한 번역어 '선험적'이라는 단어의 위상은 다음과 같다.

$$선험적 = \begin{pmatrix} 3 & 3 \\ 4 & 4 \end{pmatrix}$$

이번에는 '초월적'이라는 단어를 분석하자. 무엇인가의 한계를 넘어섰다는 의미가 명확히 전해진다(1점). '초월적'이라는 단어는 중학생 수준으로 이해할 수 있다(1점). 'transcendental'은 칸트 이전이든 이후이든, 칸트 철학이든 아니면 다른 사상에서든 '초월적'이라고 번역한다. 그리고 언어 표현에 민감했던 칸트 자신이 그런 사실을 누구보다 잘 알고 있다(1점). 다만, 칸트가 말하려는 '인류 공통의'라는 의미는 전해지지 않는다. 주석이 필요한 수준의 오해 가능성은 존재한다(2점). 그렇기 때문에 번

괘씸한 철학번역

역가가 주석을 다는 것이다.

$$초월적 = \begin{pmatrix} 1 & 1 \\ 1 & 2 \end{pmatrix}$$

따라서 '초월적'은 transcendental에 대한 번역어로서 '선험적'에 비해 훨씬 좋은 번역이다. 아니, 비교조차 안 된다.

한편 일군의 번역가가 '초월론적'이라는 단어를 사용하기도 한다. 이 또한 일본식 모방이다(최근의 일본 번역이 '초월론적'이다). '론論'이라는 단어를 남용하는 것은 일본 학자들의 **고질적인** 습관인데, 굳이 우리가 따를 필요가 없다. 의미를 간명하게 전하는 것이 언어의 역할이다. '론'이니 '학'이니 하면서 필요 이상 의미를 과장하는 나쁜 습관이 일본 문화에서는 어떻게 통할지는 몰라도, 지식의 쉽고 빠른 공유를 원하는 오늘날 한국 문화에서는 바람직하지 않다. '론'이라는 한자어를 붙임으로써 뭔가 개선되는 것도 없다. '초월적'이라는 단어의 의미를 모호하게 만들 뿐이다. 그만큼 철학은 난해해진다. 칸트가 말하려는 메시지를 정확하게 전하려는 역할도 못한다. '론'을 하나 추가했을 뿐인데, 의미는 불명확해지고(2점), 난이도는 올라가며(2점), 칸트 철학을 모호하게 만드는 데 기여할 뿐(3점), 괜히 '초월적'과 '선험적'의 번역 논쟁을 해결하기보다는 혼란을 하나 더 추가할 뿐이다(3점).

$$초월론적 = \begin{pmatrix} 2 & 2 \\ 3 & 3 \end{pmatrix}$$

따라서 transcendental의 번역어로 '초월론적'은 경청하고 채택할 만한 단어가 아니다. 이 단어는 그냥 '초월적'으로 번역하면 그만이다. 칸트의 <순수이성비판>은 두 개의 권으로 나뉜다. 제1권은 '초월적 요소론'이고, 제2권은 '초월적 방법론'이다. 이것을 초월론적 요소론, 초월론적 방법론이라고 일본식으로 표현하는 것도 학문을 쓸데없이 장황하게 만들 뿐이다. 칸트의 진심을 헤아리기보다는 대철학자의 명예를 훼손하면서까지 지켜야 할 관례라는 것이 고작 일본식 번역이라니, 번역을 둘러싼 역대급 코미디라 하겠다.

주석 F: 즉, 수학의 원리들 그 자체는 선천적이지만 초월적이지는 않다.

주석 G: 즉, 경험과 무관하게 우리 인간이 미리 갖고 있는 인식 형식만을 가리킨다. 인식의 내용은 경험에서 얻어지는 것이기 때문이다.

주석 H: 임마누엘 칸트, 〈순수이성비판〉 B80.

주석 I: 칸트는 자신의 철학을 일컬어 당당하게도 transcendental 철학이라고 명명했다. 초월철학으로 번역하면 경험의 한계를 극복한, 즉 회의주의를 극복한 인류 공통의 철학으로서 그 당당함을 느낄 수 있다. 인간이 인식의 세계에서 경험의 한계에 갖히면 회의주의에 빠진다. 그런데 선험철학으로 번역하면, 경험과 무관한 철학 혹은 경험에 앞선 철학이라는, 해괴망측한 개념으로 변모해 버리니, 실로 한국 칸트 학자들이 칸트의 명예를 훼손하는 일이 아닐 수 없다.

Transcendent

초경험이냐

초
험
이
냐

학자들은 '초험적'이라고 번역한다. 한자를 조립해서 새로운 단어를 만들어 내는 일본식 번역이다. 무슨 단어인지 모르기 때문에 의미가 모호하다(3점). 웬만해서는 알지 못하는 단어이다(3점). 물론 한자를 하나씩 풀어보면 원문과 동일성 범위 안에 있을 것이다(1점). 그러나 한자에 대한 지식이 필요해서 젊은 독자에게는 주석이 필요하다(2점). 그러므로 transcendent의 번역어로서 '초험적'의 단어 위상은 다음과 같다.

$$초험적 = \begin{pmatrix} 3 & 3 \\ 1 & 2 \end{pmatrix}$$

인간은 경험을 통해 지식을 얻는다. 그리고 경험을 통해서 어떤 지식의 참과 거짓을 검증한다. 어떤 대상이 transcendent하다는 것은 그 대상을 경험할 수 없으며, 경험으로 검증할 수도 없다는 의미가 된다. 그러므로 '초경험적'이라고 번역하면 아주 적당하다. 그 의미가 명확하다(1점), 중학생 수준이면 알 수 있는 단어이다(1점), 칸트의 출발 언어와 의미가 일치한다(0점). 오해 가능성이 없고 소통에도 어려움이 없다(0점). 그러므로 '초경험적'의 단어 위상은 다음과 같다.

$$초경험적 = \begin{pmatrix} 1 & 1 \\ 0 & 0 \end{pmatrix}$$

그렇다면 transcendent를 초험적으로 번역할 게 아니라 초경험적으로 번역하면 그만이다. 음절이 하나 늘어났지만, 쉽고 명확한 철학을 얻기 위해 음절 하나를 지불했을 뿐이다.

Form

형식이냐

형
상
이
냐

서양 철학에서 가장 중요한 단어 10개를 꼽으라 하면, 아마도 form이 그중에 포함될 것이다. 왜냐하면 이 단어가 플라톤의 '이데아론'의 그 이데아를 지칭하기 때문이다. 오늘날 우세한 영어 번역은 이데아를 form으로 번역한다. Idea라는 알파벳 단어는 이데아가 사유물임을 나타내는 데 장점이 있지만, 플라톤이 말하려는 이데아의 본질(즉, 완벽하고 절대적인 형식)을 나타내는 데에는 부족하다. 그런 점에서 idea보다는 form으로 플라톤의 이데아론을 표현한다. 또한 이 단어는 아리스토텔레스의 '에이도스eidos'이기도 하다. 이것을 일본 학자들이, 플라톤 철학을 지칭할 때에는 '이데아'라고 번역하지만, 아리스토텔레스 철학에서는 '形相'으로 번역했다. 그리고 한국 철학자들이 이를 받아들여 지금에 이른다. 플라톤의 form과 아리스토텔레스의 eidos는 동의어임에도, 전자는 이데아라고 칭하고 후자는 형상이라 부른 것이다. 이런 사소한 어긋남이 철학을 어렵게 만든다.

Form의 번역으로서 형상이라는 단어의 경우, 그것이 철학 분야에서 사물 혹은 존재의 본질을 뜻하는 것인지 아니면 사물의 외관이나 형태를 의미하는 것인지 모호하다(3점). 물론 어려운 단어는 아니다(1점). 그러나 우리가 흔히 shape로 이해하는 사물의 외관이나 형태라는 의미로서 form의 뜻이 연상된다면, 우리는 결코 서양 철학의 정수를 만날 수 없다. 그런 점에서 유사한 단어처럼 보이지만 그 의미가 다른 번역이다(3점). 당연히 형상이라는 기호가 갖는 의미와, form이 갖는 철학적 의미 사이에 큰 차이가 있어서 소통에 혼란이 초래된다(3점).

$$형상 = \begin{pmatrix} 3 & 1 \\ 3 & 3 \end{pmatrix}$$

서양 철학에서 form은 이데아이며, 사물의 완벽한 본성을 뜻한다. 예컨대 모든 존재는 변화하는 부분과 변하지 않는 부분으로 나눌 수 있다고 우리가 가정할 때, 변화하는 부분은 결코 form이 될 수 없다. 변하지 않는 부분만이 form에 해당한다. 변화하는 부분과 변화하지 않는 부분 중에서 무엇이 더 그 존재의 본질에 해당하느냐고 묻는다면, 서양 철학의 전통적인 입장에서는 변화하지 않는 부분이라고 답할 것이다. 그 부분이 법칙에 맞을 것이고, 따라서 form을 탐구하는 학문을 일컬어 형이상학이라고 했다. 인간의 form은 무엇일까? 육체는 form이 될 수 없다. 그것은 변화하고 소멸하기 때문이다. 전통적으로 서양 철학자들은 인간의 form을 그 인간의 정신soul으로 봤다. 그렇기 때문에 인간이 죽더라도 정신(영혼)의 불멸성이 논의되었던 것이다. Form은 소멸하지 않는 것이기 때문이다. 이에 합당한 번역은 '완벽한 형식'이다. 그렇지만 수식어를 붙이면서 한 개의 단어를 두 개의 단어의 결합으로 번역하기는 어렵다. Form의 번역어로서 형식은 그 의미가 명료하다(1점). 일상 생활에서 자유롭게 소통하는 쉬운 단어이다(1점). 철학 용어로서는 '완벽한'이라는 수식어가 필요하다는 점에서 의미가 약간 다르고(2점), 주석이 있어야 이 단어의 참뜻을 알 수 있다(2점)는 단점이 있다.

$$형식 = \begin{pmatrix} 1 & 1 \\ 2 & 2 \end{pmatrix}$$

정합도가 약간 어긋나 있고 오해 가능성이 있기는 해도, form의 번역어로 형식이 형상보다 훨씬 합당한 번역이다.

괴씸한 철학번역

Matter

재료냐

질
료
냐

괘씸한 철학번역

학자들은 지금껏 matter를 질료라 불렀다. 일본 학자가 質料로 번역한 이후 지금에 이르렀다. 우리나라 말이 아닌 까닭에 그 의미가 모호하다 (3점). 이 단어의 뜻을 정확히 알려면 전문가 수준의 지식이 필요하다(4점). 나는 이 단어를 일상 생활에서 평범하게 사용하는 사람을 보지 못했다. 가끔 자기 지식을 뽐내려는 입술을 통해서 듣기는 했어도 보통의 의사소통에는 기여하지 않는 단어이다. 번역어 질료가 matter와 동일성 범위 안에 있는 단어라고 인정하더라도(1점), 사회적인 언어 관습이 없는 단어여서 그런 사실을 검증할 방법이 없다. 그런 이유로 지식의 전달과 이해와 토론에서 소통이 어려운 단어이다(3점). 그러므로 질료의 단어 위상은 다음과 같다.

$$질료 = \begin{pmatrix} 3 & 4 \\ 1 & 3 \end{pmatrix}$$

그러나 matter의 번역어로서 '재료'라는 그 의미가 명확한 단어가 있다 (1점). 인간의 정신이 존재의 본질이며, 따라서 정신이 인간의 form이 되고, 인간의 몸은 그 본질을 담는 재료이자 내용이 된다. 재료를 모르는 한국인은 거의 없을 것이다(0점). 질료와 마찬가지로 재료도 동일성 범위 안에 있는 단어이며(1점), 오해 가능성이 없고 소통에도 어려움이 없는 단어이다(0점). 이런 평범한 한국어를 놔두고 일본식 단어인 질료를 선택할 이유가 없다. 재료의 단어 위상은 다음과 같다.

$$재료 = \begin{pmatrix} 1 & 0 \\ 1 & 0 \end{pmatrix}$$

다만 인간 행위에 관련한 도덕철학 분야에서 matter를 재료로 번역하면 모호성이 증가하고, 소통에도 다소 혼란이 나타난다. 그런 경우에는 '내용'으로 바꿔 번역하면 된다. 즉 철학 용어 matter는 {재료, 내용}에서 어느 하나를 선택하여 번역하면 의미의 손실 없이 적당하다.

이로써 아리스토텔레스의 저 유명한 Form and Matter는 형상질료론이나 질료형상론으로 번역될 것이 아니라, 형식과 재료, 형식과 내용, 재료와 형식, 내용과 형식이라는 보통의 언어로 번역되어 평범하게 소통될 수 있게 되었다. 이렇게 언어가 평범해지면, 지식을 뽐내려는 욕망도 순해진다.

Idea

이데아냐

이
념
이
냐

괘씸한 철학번역

<순수이성비판>에서 'idea'는 두 가지 의미로 쓰인다. 머릿속 생각을 일반적으로 지칭할 때에는 '관념'이라는 뜻이다. 그런데 순수이성의 개념 형식을 뜻하는 것으로 콕 집어 쓰이기도 하는데, 그때의 뜻은 플라톤 철학의 핵심 용어인 '이데아'를 지칭하는 단어였다. 옛날 일본 학자들이 이것을 '理念'으로 번역했다.

인간의 머릿속에는 감성, 지성, 이성이라는 고유한 요소들이 있다. 감성은 감각 데이터를 시간과 공간이라는 형식 안으로 수용한다. 지성은 감성이 수용한 감각 데이터에 개념이라는 형식을 적용해서 판단한다. 이성은 지성의 여러 판단들을 연결하여 추리하는 능력이며, 인간으로 하여금 더 큰 원리에 관심을 갖게 해준다. 칸트는 지식에 관한 한 경험주의자였다. 앎이라고 하려면 감성의 역할이 필수적이었다. 그런데 칸트가 생각하기를, 인간의 이성은 경험에 의존하지 않고 머릿속에 들어있는 개념만으로 그것들을 이어 붙이면서 제멋대로 원리를 만들어 내기도 한다. 그래서 인간은 하나같이 '신은 언제 어디에서나 존재한다', '우주는 시작과 끝이 있다', '나는 죽어서 다음 세계로 갈 것이다' 등의 생각을 하는 것이다. 이런 신, 우주, 영생이라는 관념은 경험에서 얻은 지식이 아니었다. 이성이 경험의 도움 없이 자기 멋대로 머릿속 개념(범주 혹은 순수 지성 개념)들을 연결해서 만들어 낸 생각이었다. 칸트는 이런 이성의 생각을 일컬어 오류라고 했다. 참된 지식이나 진리라고 착각하는 오류, 그러나 인간이라면 어쩔 수 없는, 자연스럽게 발생하는(즉, 순수한) 오류였다. 칸트는 12개의 지성 개념에 '범주'라는 이름을 붙였다. 그렇다면 이런 '불가피한 오류'를 낳는 순수이성의 개념들에는 어떤 이름을 붙여줘야 하는가? 칸트는 고민 끝에 플라톤의 용어, '이데아'를 차용했던 것이다.

괴씸한 철학번역

그런데 이 나라 철학자들은 옛 일본 학자의 번역을 존중하여 '이념'으로 번역한다. 그들이 칸트의 순수 이성 개념을 몰라서가 아니다. 바꾸기 싫은 것이고, 그래서 교정하지 않은 것이다. 애석하게도 우리가 보통으로 사용하는 의미의 그 이념이 아니다. 좌우 이념, 이념 대립의 그 이념도 아니며, 건국 이념이나 통치 이념의 이념도 아니다. 그럼에도 같은 단어를 썼으니 '이념'이라는 이 용어의 '다른 의미'가 칸트 철학의 '이념'이라는 단어에 섞이고 말았다. 이런 현상을 칸트가 얼마나 걱정했던지, 칸트는 다음과 같이 진술했다.

〈우리 말'의 어휘가 매우 풍부함에도 불구하고, 생각하는 사람들은 개념에 꼭 맞는 표현을 자주 찾지 못하고, 이런 결핍 때문에 타인은 물론 심지어 자기 자신에게도 올바르게 지식을 전하지 못한다. 그러나 새로운 단어들을 만들어 내는 일은 무례하게도 언어를 입법하는 것이어서 거의 성공하지 못한다.[K] 그러므로 그런 의심스러운 방법에 의지하기 전에, 지금은 사용하지 않지만 우리가 알고 있는 언어를 둘러보면서 이 개념[L]에 적합한 표현이 있는지 알아보는 것이 바람직하다. 또한 **고대의 표현**이 그 표현을 만들어 낸 사람들의 부주의로 말미암아 다소 불안정하게 쓰였더라도, 스스로 단어를 만듦으로써 우리 기획을 이해 불가능하게 망치는 것보다는 차라리 옛 표현의 의미를 명확하게 정의하는 것이 더 낫다. 이런 이유로, 만일 하나의 개념에 하나의 단어만이 발견되고, 그 하나의 의미에서 그 단어가 이미 소개되어 있는 데다가, 이 개념에 정확히 맞는다면, 또한 만일 다른 연관 개념들로부터 순수이성의 개념을 구별하는 일이 매우 중요하다면, 그런 단어를 남용하지 않는 것이 바람직하다. **다른 단어가 쓰이는 곳에 동의어나 대체 용어로 사용되지 않도록 하고, 그 알맞은 의미에서 조심스럽게 유지하는 것이 좋다.** 그렇게 하지 않으면, 그 표현이 특별히 우리의 주의를 끌지 못하고, 아주 여러 가지 의미를 갖는 다른 단어들의 더미 속에서 고유한 뜻이 상실될 때, 그 표현만이 지켜낼 수 있는 사상도 상실하게 되는 일이 쉽게 일어나기 때문이다〉[M]

그러면서 칸트는 몇 페이지에 걸쳐 플라톤의 〈이데아론〉을 비평한다. 결국 'idea'는 '이데아'로 번역해야 한다. 그것이 칸트가 원하는 번역이었다. 다른 단어로 번역해서는 안 되는 것이었다. 순수이성의 개념은 다른 단어와 섞이지 말아야 하기 때문이며, 플라톤의 〈이데아론〉의 그 '이데아'가 바로 연상돼야 하기 때문이었다. 그럼에도 일본 학자들이 제멋대로 '이념'으로 번역했던 것이다. 물론 플라톤을 번역하면서 '이데아'를 모두 '이념'으로 통일해서 번역했다면 칸트의 의도가 덜 왜곡되었을 것이다. 하지만 플라톤의 '이데아'를 일컬어 이념으로는 칭하지 않는다. 그러므로 '이념'이라는 단어가 사용되는 곳마다 칸트가 전하려는 순수이성의 개념이 제대로 연상되지 않는다. 누군가 설명해 주지 않으면 의미가 명료하게 전해지지 않는 모호한 단어이다(3점). '이념'이라는 단어 자체는 용법을 떠올리거나 사전을 찾아보면서 이해할 수는 있을 것이다(2점). 그런데 번역은 저자의 명시적인 메시지를 정면으로 무시하였다(4점). 이런 번역 때문에 칸트와 플라톤이 잘 연결되지 않는 혼란이 누적돼 왔다(3점). 그러므로 idea에 대한 번역어 '이념'이라는 단어의 위상은 다음과 같다. 번역어에 적합하지 않은 단어 위상이다.

$$이념 = \begin{pmatrix} 3 & 2 \\ 4 & 3 \end{pmatrix}$$

<순수이성비판>에서 idea는 '이데아'로 번역될 수밖에 없다. 물론 칸트의 메시지를 잘 이해하기 위해서는 책을 읽어야 한다. 그런 점에서 난이도가 있다. 하지만 다른 번역은 있을 수 없다.

$$이데아 = \begin{pmatrix} 1 & 2 \\ 0 & 0 \end{pmatrix}$$

주석 J: 독일어를 뜻한다.

주석 K: 이렇듯 칸트가 예견한 것처럼, 일본식 철학 번역은 성공하지 못했다. 간단하고 명료한(명료해야 하는) 서양철학의 개념들을 복잡하고 모호하게 만드는 독창적인 기예만 후대에 전승했을 뿐이다. 오히려 영어가 더 쉬우니 한심하다.

주석 L: 순수이성의 개념.

주석 M: 임마누엘 칸트, 〈순수이성비판〉 B369.

괘씸한 철학번역

Substance

본질이냐

실
체
냐

괴쌈한 철학번역

형이상학은 서양 철학에서 가장 중요한 철학 분야 중 하나다. 형이상학은 대체 무엇을 탐구하는 철학일까? 다양하게 설명될 수 있다. 그런 설명 중에서 <형이상학은 substance를 탐구하는 학문이다>라고 말할 수 있을 정도로 substance는 형이상학을 이해하는 데 매우 중요한 단어다. 서양 철학을 이해하는 단어 중에서도 가장 중요한 단어 중 하나라고 말할 수 있을 정도이다. 철학자들은 한결같이 '실체'라고 번역한다. 그러나 한국인에게 실체라는 단어의 뜻을 물어보면, 십이면 팔구 '실제로 존재하는 물체나 실제 모습'과 같이 답할 것이다. 쉽게 확인할 수는 없어도, 결국에는 감각적으로 확인할 수 있는 사실이라는 의미가 담겨있다.

그런데 서양 철학에서 substance는 그런 의미가 아니다. Substance는 불변하면서 스스로 존재하는 그 무엇을 의미한다. 감각적으로 확인할 수 있는 것들은 변화하게 마련이고, 우연적이다. 따라서 substance가 되지 못한다. 그런 변화하는 속성을 지닌 것들을 일컬어 서양 철학자들은 reality라 불렀다. 무릇 변하는 게 있다면, 변하지 않는 무엇도 있을 것이다. 사물(존재)에는 본질적인 것이 있을 것이고, 본질적이지 않은 것도 있을 것이다. 본질이 더 우월하고, 그것은 변화하지 않는 것이며, 그러므로 감각에 의해 쉽게 확인할 수 없다. 그런 것을 일컬어 서양 철학자들은 substance라고 표현했다. 철학자마다 substance의 의미를 다르게 규정했지만, 대체로 사유를 통해 인식하거나 발견하는 것, 즉 사유물로 이해했다. 우리들 머릿속에서 사물과 존재에 대해 '그것의 본질은 이것이다'라고 말할 수 있는 변함 없는 형식, 플라톤에게는 이데아form, 아리스토텔레스에게는 에이도스eidos, 종교철학자들에게는 신God 혹은 신의 말씀logos, 라이프니츠에게는 모나드monad, 헤겔에게는 영spirit, 이런 것들이 substance에 해당한다.

<순수이성비판>에서, 칸트는 이러한 substance에 대해 우리 머리 바깥에 있는 게 아니라 머릿속에 있는 순수한 개념 중 하나라고 설명했다. 시간에 따라 모든 것이 변화한다면, 우리는 변화를 제대로 인식할 수 없다. 모든 것이 움직인다면, 그 움직임을 제대로 파악할 수 없다. 그런 변화를 인식하려면 불변하는 무언가가 있어야 하고, 운동을 인식하려면 움직이지 않는 무언가가 존재해야 한다. 마치 좌표 축이 세워져 있어야만 운동을 정확히 파악할 수 있는 것과 같다. 우리들 머릿속에 있는 개념으로서, 변화를 인식하는 기준이 되는 불변성, 그것이 바로 substance이다. 칸트에게 substance는 어떤 존재 자체를 지칭하는 것이 아니라 머릿속에 있는 개념이다. 예컨대 우리가 경험을 통해, 장미, 진달래, 개나리, 목련 등을 알게 됐고, 머릿속에서 그것들의 substance가 꽃이라고 정했다면, 그 이후 장미, 진달래, 개나리, 목련의 형태, 성질 등 모든 정보가 지워지더라도(잊히더라도) 꽃이라는 개념은 사라지지 않는다. 어째서 사라지지 않는 것일까? 칸트에 따르면, substance 자체가 인간 머릿속에 선천적으로 있는 개념이기 때문에, 일단 '꽃'에 substance라는 불변의 속성이 부여되면, 꽃이라는 개념은 불변하는 것이므로 머릿속에서 사라지지 않게 된다. 이렇듯 substance는 '실제로 존재하는 물체'(즉 실체)를 지칭하지 않는다. 왜냐하면 실제로 존재하는 물체는 변하게 마련이기 때문이다.

그런데 한일 양국의 철학자들처럼, substance를 실체로 번역하면, 이 단어에 대한 평범한 사람들이 갖는 상식적인 인상과 철학자들의 중요한 입장 사이에 큰 간격이 벌어진다. 동양 전통에서는 이 substance 개념이 없었기 때문에, 번역에 어려움을 겪어 왔다. 옛 문헌에 따르면 '태극'으로 번역하기도 했다. 현재에 이르러서는 '실체'로 자리잡혔다. 철학을 혼란스럽게 만든 대표적인 번역어이다. 우선 실체 그 자체는 실제로 존재

괴씸한 철학번역

하는 물체나 실제 모습의 의미가 명확하게 전해진다(1점). 중학생도 알 수 있는 단어다(1점). 그러나 앞에서 살펴본 것처럼 오역이다(4점). 예를 들어 <그의 실체가 만천하에 밝혀졌다>라는 문장에서, <사건의 실체가 드디어 밝혀졌다>, <짙은 안개 때문에 어떤 실체도 알아볼 수 없었다>, <함께 가고 있다는 느낌뿐 실체는 느껴지지 않았다> 등의 문장에서 사용되는 실체라는 단어의 의미는 서양 형이상학의 substance와 너무 다르다. 한국어에서 실체는 감각적이다. 서양 철학의 substance는 사유물이다. 엉뚱한 한국어 번역으로 말미암아 서양 철학의 정수를 만나기 어려워졌다(4점). 그러므로 substance의 번역어 '실체'의 단어 위상은 다음과 같이 정리할 수 있다.

$$실체 = \begin{pmatrix} 1 & 1 \\ 4 & 4 \end{pmatrix}$$

특히 실제로 존재하는 것을 지칭하는 reality를 '실재'로 번역하면서 그 혼란은 더 가중되고 말았다. 서양인에게 substance와 reality는 구별하는 데 어려움이 없다. 일단 철자가 너무 다르고, 의미의 섞임이 없다. 그러나 한국에서는(이 단어들을 발명한 일본에서도 마찬가지다), '실체'와 '실재'로 그 생김새가 너무 비슷하고, 의미도 매우 비슷해서 공연한 혼란이 독자들의 철학 입문을 방해한다. 서양 철학의 주변부에 있는 단어라면 이런 혼란이 그다지 심각하지 않을 수도 있다. 그런데 substance와 reality는 서양 철학의 중심에 있는 단어이니, 실로 이런 혼란은 심각한 문제라 하겠다.

그러면 어떤 단어로 번역하는 것이 합당할까? 우선 서양 철학의 핵심 용어로서의 특징을 가져야 하며, 불변성이 느껴져야 하고, 감각물이 아닌 사유물로서의 단어 위상을 가져야 한다. substance의 어원을 살펴보면 도움이 될 것이다. 단어 자체의 구성으로는 '아래쪽에서 서 있는'의 의미가 있지만, 고대 그리스어 우시아ousia, 라틴어 숩스탄티아 substantia는 '존재existence, 본질essence'이라는 뜻을 갖고 있었다. 우리는 지금 굉장히 중요한 단어를 발견했다. '본질'이다. 매우 명확한 단어이며(1점), 실체에 비해서 어려운 단어도 아니다(1점). 그러면서도 substance와 동일한 범위 안의 의미를 갖는다(1점). 비록 essence를 지칭하는 단어로 오해될 수 있겠으나, 서양 철학에서 essence와 substance는 의미적으로 거의 같기 때문에, 소통에는 어려움이 없다(1점). 만약 essence와 함께 등장하여 차이를 표현해야 하는 경우가 생긴다면(어디까지나 가정이다), 그때 substance를 '본질체'로 표현하거나 essence를 에센스로 음역하면 좋을 것이다. 이리하여 substance의 번역어로서 본질의 단어 위상은 다음과 같이 정리할 수 있다.

$$본질 = \begin{pmatrix} 1 & 1 \\ 1 & 1 \end{pmatrix}$$

독자는 이런 물음을 가질 것이다. 본질이란 무엇인가? 이런 물음에 대해 철학자들은 저마다 자신의 답을 내놓는다. 그것을 공부하는 과정이 바로 서양 철학사이다.

인간을 일컬어 이성적인 동물이라고 한다. 그런데 이성이란 대체 무슨 뜻일까? 생각과 무슨 차이가 있는가? 철학자들이 말하는 지성(오성)과 어떤 차이가 있는가? 어떤 생각과 판단은 이성적인 게 아니라고 하고, 또 어떤 생각과 판단을 일컬어 이성의 기능이라고 한다. 도대체 이성이란 무엇인가? 우리가 어떤 사물을 보고 생각한다는 것은, 그 사물이 무엇인지 혹은 어떤 상태인지를 판단하는 것이다. 이렇게 사물과 직접 관계하는 것을 경험이라고 한다. 현재의 경험을 통해 눈 앞에 혹은 기억속의 대상을 생각하는 것은 이성의 기능이 아니다. 그런 판단력 혹은 사고력은 지성Understanding의 기능이다. 그런데 우리 머릿속에는 수많은 판단이 보관되어 있다. 그런 판단들을 연결해서 어떤 원리를 발견하거나, 그 원리에 따라 '경험하지 않고도' 어떤 판단을 내리는 것, 그런 판단에 관여하는 머릿속 요소를 일컬어 이성이라 한다. 이성의 뜻을 정확히 아는 것은 인문학을 공부하는 데 필수적이다. QR 코드의 영상을 시청하면 아주 큰 도움을 얻는다.

Reality

실체냐

실
재
냐

괴씸한 철학번역

다소 거칠게 표현하자면, 서양 철학에 대한 공부는 substance와 reality의 관계를 이해하는 과정이다. 그런데 이 두 중요한 단어를 ― 각각 실체와 실재로 ― 한국어에 맞지 않게 번역한 까닭에 우리는 쉽게 이해할 수 없었다. 그런데 이제 substance를 실체가 아닌 본질로 번역하자마자 이 문제에 상쾌하게 접근할 수 있는 특권을 얻는다. 본질로서 substance는 사유물이었으며 불변성을 가진다. 그렇다면 그 본질이 어떻게 실제 세계에서 현실화되며, 어떻게 변화되는 것인지에 대해 관심을 옮길 수 있다. 그때의 개념이 바로 reality이다. 보통 {현실, 실체, 존재, 사실, 리얼리티}라는 번역어 집합에서 선별되어 번역된다. 대중 예술 분야를 중심으로 점점 '리얼리티'라는 음역을 선택하는 빈도가 늘고 있다(나는 그런 음역을 환영한다. System을 시스템으로 음역해도 괜찮은 것처럼, 대중 예술 분야를 넘어 더 광범위하게 사용되기를 바란다). 기본적으로 reality는 실제 세계에서 현실화되는 것이므로 '감각적으로 확인할 수 있는 사실성'이라는 의미를 갖는다.

그런데 철학자들은 한결같이 '실재성' 혹은 '실재'라고 번역한다. 실재實在라는 단어는 옛 일본 사람이 만든 번역어로, 국어 사전은 '실제로 존재함'으로 풀어 놨지만, 한국 사람들이 평범하게 사용하는 한국어는 아니다. 글에서만 쓰이는, 철학 교사 혹은 지식을 뽐내는 사람들의 언어이다. 나는 그런 사람들 외에 실재라는 단어를 평범하게 사용해서 의사소통하는 한국인을 만난 적이 없다.

실재는 실제로 사용하는 우리말이 아니어서 그 의미를 추측할 수는 있어도 어딘가 애매하고(2점), 중고등학교 수준의 단어가 아니다(3점). 설령 실재가 reality와 의미적으로 동일한 범위에 있다고 가정하더라도(1점), 객관적 실재성objective reality과 같이 사용될 때 의미 파악에 혼란이 발생한다(3점). 게다가 비슷한 한자어를 사용해서 단어의 의미적 간격을 없애버리는 일본 학자 특유의 나쁜 버릇으로 말미암아, 존재, 현존, 실존, 실재 등이 섞이게 되는데, 이로써 철학은 매우 모호하게 되고 만다. 그러므로 reality의 번역어로 '실재성'의 단어 위상은 다음과 같다.

$$\textit{실재성} = \begin{pmatrix} 2 & 3 \\ 1 & 3 \end{pmatrix}$$

단어의 위상에 3점이 두 개나 있으므로, 실재성이나 실재라는 말보다는 좀 더 나은 단어를 탐색해 봄직하다. 사람들이 실제로 일상 생활에서 사용하는 단어이면서, reality의 본래 의미를 더 많이 보전하는 그런 단어를 찾아야 한다. 한국어에 없을까? 당연히 있다. '실체'이다. 예를 들어, 앞서 substance의 단어 위상을 탐구하는 과정에서 제시했던 문장을 가져와 보자. <그의 실체가 만천하에 밝혀졌다>, <사건의 실체가 드디어 밝혀졌다>, <짙은 안개 때문에 어떤 실체도 알아볼 수 없었다>, <함께 가고 있다는 느낌뿐 실체는 느껴지지 않았다> 등의 문장에서 사용되는 '실체'라는 단어의 의미는 철학에서 말하는 reality와 사실상 같은 뜻이다. '감각적으로 확인할 수 있는 사실성'이라는 의미를 지니고 있기 때문이다. 실체는 그 의미가 명확하다(1점), 중학생도 알 수 있는 단어이다(1점), reality와 동일섬 범위의 의미를 갖는 단어이다(1점). 다만 평범한 한국인에게는 오해 가능성이 없지만, 잘못된 번역조차 습관적으로 믿어온 무감한 전문가들에게는 주석이 필요할 것이다(2점). 그러므로 reality의 번역어로서 실체의 단어 위상은 다음과 같다.

$$\textit{실체/reality} = \begin{pmatrix} 1 & 1 \\ 1 & 2 \end{pmatrix}$$

실체는 현실적인 것이다. 공간과 시간은 객관적인 실체이다. 그것은 공간과 시간이 우리가 살고 있는 현실에 실제로 존재하기 때문이다. 칸트에게 공간과 시간은 우리 인간 머리 안에 선천적으로 있는 직관의 형식이다. 그럼에도 그런 순수 직관이 objective reality를 갖는 까닭은 우리가 그것을 현실에서 감각적으로 확인할 수 있기 때문이었다. 즉, '객관적 실체'이기 때문이다. 그런데 학자들이 reality에 함부로 실체라는 단어를 쓰지 못했던 까닭은, 이 단어를 substance의 번역어로 잘못 사용해 왔기 때문이었다. 이제 일본식 번역에서 비롯된 이런 사슬을 끊을 때가 되었다. 그래서 우리가 잃는 것은 잘못된 단어를 퍼뜨렸던 지식인들의 불편함이요, 얻을 것은 철학 그 자체이다.

Aesthetic

감수성이냐

감
성
론
이
냐

괘씸한 철학번역

백종현은 Aesthetic을 '감성학'으로 번역한다. 최재희는 '감성론'으로 번역한다. 한편 두 사람을 포함하여 칸트 철학을 공부하는 사람들 모두 sensitivity를 '감성'으로 번역한다. 그런데 일반적으로 aesthetic은 '미학'으로 번역한다. <순수이성비판>에서 aesthetic의 번역은 미묘하고 웃기고 또 야릇하게 난해한 문제이다.

먼저 코믹 요소를 없애는 게 좋겠다. 나는 앞서 transcendental을 '초월론적'으로 번역하는 사람들을 비판하면서, '론'이니 '학'이니 하면서 필요 이상 의미를 과장하는 일본 학자들 특유의 나쁜 습관을 지적하였다. 한국의 칸트 번역자들 모두 일본 학자 흉내를 낸다. 예를 들어 이런 식이다. <순수이성비판>의 제1권 초월적 요소론의 세부 체계에 대해서, 백종현은 제1편 초월적 감성학과 제2편 초월적 논리학으로 구별한 다음, 초월적 논리학은 다시 초월적 분석학과 초월적 변증학으로, 초월적 분석학은 다시 개념의 분석학과 원리의 분석학으로 나눈다. 최재희는 제1부 선험적 감성론과 제2부 선험적 논리학으로 나눈 다음, 선험적 논리학은 다시 선험적 분석론과 선험적 변증론으로, 선험적 분석론은 다시 개념의 분석론과 원칙의 분석론으로 나눈다. 난리도 아니다. <순수이성비판>이라는 한 권의 책에 그렇게 세부 '학문'이나 '이론'이 많은 것인가? 분량 면에서나 내용 면에서나 체계 면에서나 그러하지 않다. 원문에 학이니 론이니 하는 단어가 있는 것도 아니다.

<순수이성비판>은 '초월철학'이라는 정당한 이름이 있다. 이 이름은 칸트 스스로 명명한 것이다. 칸트는 <순수이성비판>을 형이상학으로 입문하는 예비 학문으로 여긴다. 우리는 그 집에 있는 방들을 아무리 크더라도, 아무리 중요하거나 예쁘더라도, '방'이라고 부르지 '집'이라고 부르지는 않는다. 하나의 집에 여러 개의 집이 있다고 혼란스럽게 생각하기

보다는, 하나의 집에 여러 개의 방이 있다고 생각하는 것이 인간의 머릿속 체계에 자연스럽다. 왜냐하면 머릿속에 있는 각각의 단어는 저마다 정당한 위상을 지니기 때문이다. 우리는 지금 '초월철학'이라는 큰 건축물 안으로 들어간다. 그러므로 가급적 '학'이라는 용어를 사용하지 않는 것이 단어의 위상에 맞는 일이다. 그런데 위와 같은 일본식 번역에 따르면, 학문 안에 또 학문이, 그 안에 다시 세부 학문이 계속 등장하기 때문에, 독자로 하여금 쓸데없는 난해함과 복잡함을 겪게 만든다. 요란하고 방정맞게 '학'과 '론'을 덧붙이지 않아도 의미는 충분히(오히려) 잘 전해진다. 예를 들어 다음과 같이 정리할 수 있다. <순수이성비판>은 두 권으로 구별할 수 있다. 제1권 초월적 요소론과 제2권 초월적 방법론이다. 제1권은 두 개의 편으로 나뉘고, 각각 초월적 감수성과 초월적 논리다. 초월적 논리는 다시 초월적 분석과 초월적 변증이 되며, 초월적 분석은 개념의 분석과 원리의 분석으로 세부 항목이 나뉜다. '학'과 '론'이라는 접미사가 붙지 않으니 **얼마나 명료하고 좋은가.**

Aesthetic의 번역만을 살펴보자. 공간과 시간이라는 순수 직관을 탐구하는 Transcendental Aesthetic을 '초월적 감성학'으로 번역하는 것은 분량 면에서나 내용 면에서나 타당하지 않다. 단어 위상을 검토할 것도 아닌 문제. 한편 '감성론'으로 번역하는 것은, 감성은 sensitivity의 번역어로 널리 사용되고 있다는 점에서, **어째서** 칸트가 Transcendental Sensitivity라고 표현하지 않았는지, aesthetic은 '미학'으로 번역되는 게 보통인데 **어째서** '초월적 미학'으로는 번역될 수 없는지에 대한 고려가 부족한 번역이다. Aesthetic은 sensitivity와는 다른 단어여야 하며, 그러면서도 동시에 미적인 의미는 가져야 한다는 점을 고려한다면 '감수성'이 적당하다고 생각한다. 감수성은 외부 세계의 자극을 받아들이고 느끼는 성질을 뜻하는 단어로 그 의미가 명확하고(1점), 쉽게 알 수 있는 단

괘씸한 철학번역

어이며(1점), 칸트가 해당 편에서 다루는 출발 언어의 의미와 일치하며
(0점), 오해 가능성도 없고 소통에도 어려움이 없다(0점). Aesthetic 의
번역어로서 '감성론'에 비해 모든 점에서 우월한 이 단어의 위상은 다음
과 같다.

$$감수성 = \begin{pmatrix} 1 & 1 \\ 0 & 0 \end{pmatrix}$$

한편, 칸트가 해당 편에서 aesthetic이라는 단어에 직접 단 주석을 옮
겨 보면, '감성론'이 아닌 '감수성'으로 번역해야 하는 것이 더 나은 선택
인 것 같다(그럼에도 aesthetic을 계속 감성으로 번역하고자 한다면, 차
라리 sensitivity를 감수성으로 번역하는 방법도 생각해 볼 수 있겠는데,
sensitivity가 갖는 감정emotion과의 의미상의 간격을 더 떨어트릴 수
있어서 이 또한 매력적인 방안으로 보인다).

> 〈독일인들은 다른 사람들이 취미 비판이라 일컫
> 는 것에 '미학aesthetics'이라는 말을 사용하는 유
> 일한 사람들이다. 탁월한 분석가인 바움가르텐이
> 가졌던 생각으로 그 기초에는 잘못된 희망이 깔
> 려 있다. 그는 미에 대한 비판적 평가를 이성 원
> 리들 아래에 놓고, 그 평가 규칙들을 학문으로 높
> 이려 했다. 그러나 이런 노력은 무익하다. 왜냐하
> 면 거기서 추정된 규칙들이나 기준들은 그 원천
> 으로 볼 때 경험적일 뿐이어서 우리의 취미 판단
> 이 따라야 할 선천적인 법칙으로서는 쓰일 수 없

기 때문이며, 오히려 취미 판단이 저 규칙이나 기준의 옳음을 가리는 시금석이 되기 때문이다. 이런 이유로 용어를 양자택일하는 것이 바람직하다. 이 중 하나인 '미학'이라는 명칭의 사용을 다시 실효시키고, 진정한 학문이 되는 이론을 위해 '감수성'이라는 명칭을 남겨두기로 한다. (이로써 지식을 감성적인 것과 지성적인 것으로 분류하는 것으로 유명했던 고대인들의 언어와 의미에 더욱 근접할 수 있게 된다). 이 용어를 이론 철학에서 나눠 사용하되, 때로는 초월적인 의미로 또 때로는 심리학적인 의미로 사용하기로 한다)[N]

주석 N: 임마누엘 칸트, 〈순수이성비판〉 A21.

요긴한 지식 6 | 직관이란 무엇인가?

인간 감수성의 기능을 일컬어 직관이라 한다. 직관이란
외부 대상 혹은 내 안의 내적 대상을 떠올려서 머릿속
으로 가져오는 행동(작용)을 뜻한다. 철학에서 경험이
란 대상과 관계하는 행위를 의미한다. 그런 행위는 직
관에서 시작한다. 결국 인간의 지식은 직관에서 시작하
는 것이다. 그렇다면 인간 지식에 관한 철학의 출발점
인 직관의 의미를 정확하게 파악할 필요가 있다. 사람
들은 직관의 의미를, '생각의 적용'까지 섞어서 이해한
다. 그러나 엄밀한 의미로는 생각을 적용하기 전, 데이
터를 머릿속으로 가져오는, 즉 수용하는 것을 뜻한다.
자세한 내용은 QR 코드의 영상이 좋다.

Thought

생각이냐

사
고
냐

괴씸한 철학번역

Thought는 {사고, 사유, 생각}이라는 번역어 집합에서 자유롭게 선택할 수 있는 단어이다. 어떤 단어여도 좋다. 철학자들은 한자어의 무게감을 좋아하고 쉽고 가벼운 한글을 싫어하는 것 같다. 하지만 철학이 쉽고 명쾌하기를 바라는 마음이라면, 가급적 단어 위상을 분석해서 무엇이 더 좋은 선택인지 따져볼 수 있을 것이다. 한글 표기가 같은 사고事故라는 일상 언어가 있기 때문에, 사고思考는 문맥이 고려되는 단어이다. 문맥만 제대로 파악하면 명확한 단어이며(1점), 그다지 어렵지 않은 단어이다(1점). 문맥이 고려돼야 한다는 점에서 나머지 항목도 1점을 부여한다. 그러므로 thought에 대한 '사고'의 단어 위상은 다음과 같다.

$$사고 = \begin{pmatrix} 1 & 1 \\ 1 & 1 \end{pmatrix}$$

반면 생각이라는 단어는 의미가 자명하고(0점), 초등학생도 아는 수준의 언어이며(0점), 문맥을 고려할 것도 없이 출발 언어와 의미가 일치하고(0점), 다른 뜻으로 해석할 가능성도 없다(0점). 그 단어의 위상은 다음과 같다.

$$생각 = \begin{pmatrix} 0 & 0 \\ 0 & 0 \end{pmatrix}$$

사고든 사유든 thought의 괜찮은 번역이다. 그러나 누가 봐도 더 좋은 단어가 있다면, 그것을 외면하는 것은 슬기롭지 못하다.

A being

존재냐

존
재
자
냐

괘씸한 철학번역

우리말은 문맥에 예민하다. 문맥에서 무엇이 주어인지 판단할 수 있다면, 문장에서 주어를 생략할 수 있다. 우리말에서 문장마다 주어를 꼬박꼬박 쓰면 오히려 유치하다는 인상을 풍기게 된다. 이는 단어에서도 마찬가지이다. 철학자들은 a being이라는 단어를 '존재자'라고 번역한다. '자者'를 의존명사가 아닌 접미어로 사용하는 것은 우리말 용법이 아니다. 그냥 '존재'라고 표현한다. 예를 들어 '인간은 유한한 존재자'가 아니라, '인간은 유한한 존재'라고 표현하는 것이 우리말의 용법이다. 존재는 실제로 있음을 나타내지만, 문맥을 통해서 존재하는 대상을 지칭한다. 그래서 being과 existence는 서로 다른 단어이지만, 한국어에서는 똑같이 존재로 번역되는 것이다. 어떤 철학 교사가 존재와 존재자는 다른 의미라고 강조할 때, 적어도 한국인에게 그런 강조는 그다지 의미없는 것처럼 비쳐진다.

존재라는 단어의 의미는 명확하다(1점). 어렵지 않은 단어이다(1점). Being과 동일한 범위 안에 있다(1점). 달리 오해되지도 않고, 소통에도 아무런 어려움이 없다(0점). 그 단어의 위상은 아래와 같고, 이처럼 좋은 번역어에 '자'를 붙일 이유가 없다.

$$존재 = \begin{pmatrix} 1 & 1 \\ 1 & 0 \end{pmatrix}$$

존재자는 그 의미의 명확성이 존재에 비해 감소한다(2점). 평범한 단어였는데 괜히 필요 이상으로 심오한 의미가 있는 것처럼 느껴진다(3점), 설령 그것이 출발 언어와 도착 언어의 일치를 나타낸다 하더라도(1점), 철학자끼리는 소통의 혼란이 없다. 그러나 평범한 한국인에게는 워낙 안 쓰는 표현이다 보니 소통에 혼란을 초래한다(3점). 이때의 혼란은 간단하고 쉬운 의미를 복잡하고 심오한 의미가 있는 것 같은 인상을 주는 심리적 혼란이다. '자'라는 접미어를 하나 붙였을 뿐인데, 이렇게나 단어 위상이 달라지고 말았다.

$$\textit{존재자} = \begin{pmatrix} 2 & 3 \\ 0 & 3 \end{pmatrix}$$

예외적으로 a being과 existence의 차이점에 초점을 맞춘 텍스트가 아니라면, a being은 자연스러운 문맥에 어울리도록 '존재'로 번역하는 것이 좋다.

괴씸한 철학번역

요긴한 지식 7 | 변증이란 무엇인가?

변증Dialectic이란 단어는 폭넓게 사용되는 철학 용어이지만, 그 빈도에 비해 의미는 정확하게 전해지지 않는다. 이른바 '정반합' 관계를 나타내는 텍스트가 아니라면, 변증이라는 단어가 나오는 문장마다 의미 파악이 모호하다. 그럴 때마다 '모순' 혹은 '양비론'으로 바꿔서 이해하면 문맥이 쉽게 파악된다. 헤겔과 마르크스의 변증과 칸트의 변증은 매우 다르다. 전자의 변증은 진리를 탐구하는 방법론을 뜻하지만, 후자의 변증은 진리 탐구의 희망을 모순과 오류로 이끄는 방법론이다. 자세한 것은 QR 코드 영상으로 준비했다.

Extension

크기냐

외
연
이
냐

괘씸한 철학번역

Extension은 크기를 말한다. <모든 물체는 크기를 갖는다>는 명제에서 나타나는 물리적 크기이다. 크기를 갖지 않는 물체는 없다. 심지어 빛알갱이도 정확히 측량하지 못할 정도로 작지만 크기를 갖는다. 크기는 순우리말이며 그 의미가 자명하다(0점). 이 단어를 모르는 한국인이 없다(0점). extension과 의미가 같다(0점). 다른 의미도 없고 소통하는 데 아무런 문제도 없다(0점). 그러므로 extension의 번역어로서 '크기'의 단어 위상은 다음과 같다. 더할 나위 없이 좋은 번역이다.

$$크기 = \begin{pmatrix} 0 & 0 \\ 0 & 0 \end{pmatrix}$$

크기라는 단어의 약점은 순우리말이라는 사실밖에 없다. 철학자들은 순우리말보다 한자어로 표현되는 단어를 좋아하기 때문이다. 19세기 일본 학자가 extension을 외연으로 번역했다. 외연은 우리말이 아니다. 그 의미가 많이 모호하다(3점). 그래서 사람들이 저마다 외연은 이러하다는 둥 저러하다는둥 자기 해석을 덧붙인다. 해석이 해석을 낳기 때문에 전문가들이 자기 지식을 드러내기 좋은 단어이다(4점). 출발 언어와 과연 의미가 동일하느냐 하면 그것은 잘 모르겠다(2점). 평범한 한국인의 대화에서는 소통이 불가하다(4점). 그러므로 외연의 단어 위상은 다음과 같다. 최재희는 extension을 외연이라 번역했다. 그는 거의 일관되게 옛 일본식 번역을 계승했다.

$$외연 = \begin{pmatrix} 3 & 4 \\ 2 & 4 \end{pmatrix}$$

백종현은 연장으로 번역한다. 외연보다는 낫지만 역시 한국어가 아니다. 우리나라 사람들은 어떤 물건의 크기에 관해 말할 때, '연장적이다' 라고 말하지 않기 때문이다. 단어 자체로 그 의미가 모호하다(2점). 아주 어려운 단어가 아닐지라도 그 문맥은 평범한 대학생 수준을 넘어선다(3점). 출발 언어와 과연 동일한지는 잘 모르겠다(2점). 철학 교사의 주석 이나 해설이 있어야 이해할 수 있다(2점). 그러므로 extension의 번역어로서 연장의 단어 위상은 다음과 같다.

$$연장 = \begin{pmatrix} 2 & 3 \\ 2 & 2 \end{pmatrix}$$

사람들이 자명하게 이해할 수 있는 쉬운 단어인 '크기'를 놔두고, 어째서 우리말이 아닌 단어를 고집하는 것인지 납득할 수 없다. 칸트는 범주 개념들이 어떤 원리로 적용되는지에 대해 설명하면서, 우리 직관이 사물을 머릿속으로 가져와서 그것을 지성 시스템에 처리되도록 보낼 때, 그 직관이 모두 크기를 갖도록 양의 범주들이 작용한다고 설명한다. 참고로 서양의 과학자들은 자연계의 물리적 성질을 크기(extensive) 성질과 세기(intensive) 성질로 구분하였다. 크기는 부피, 질량 등이며, 세기는 색, 밀도, 농도, 온도, 압력 같은 것을 일컫는다.

Intension

세기냐

내
포
냐

괘씸한 철학번역

Intension은 세기를 말한다. 우리 감각은 빨간색이 0에서 시작해서 전체가 새빨간 정도까지를 구별할 수 있다. 바람이 불지 않는 상태에서 바람의 강도가 점점 커지더니 물건이 나라갈 정도까지, 바람의 세기를 분별할 수 있다. 이런 정도의 차이는 누가 가르쳐 주지 않아도 우리는 선천적으로 알며, 감각하자마자 눈치 챈다. 그때의 그 정도가 달라지는 세기를 일컬어 intension이라 한다. 세기는 순우리말이며 그 의미가 명확하다(1점). 크기보다는 난이도가 있다(1점). Intension과 의미가 동일한 범위 안에 있다(1점). 소통에 어려움이 없다(1점). 그러므로 intension의 번역어로서 '세기'의 단어 위상은 다음과 같다.

$$세기 = \begin{pmatrix} 1 & 1 \\ 1 & 1 \end{pmatrix}$$

세기라는 단어의 약점은, 크기와 마찬가지로, 순우리말이라는 사실밖에 없다. 철학자들은 순우리말보다 한자어로 표현되는 단어를 좋아하기 때문에, intension을 '내포'로 번역한 19세기 일본 학자의 한자어를 선호한다. 내포는 우리말이 아니다. '(어떤 의미를) 포함한다' 정도의 어렴풋한 뜻으로는 사용되지 않으니, 결국 그 의미가 불명확하다(4점). 전문가 수준의 지식이 필요하다(4점). 최재희는 <순수이성비판> 중 범주의 원리에 관하여 다음과 같은 번역문을 제시한다. <모든 현상에서 감각 작용의 대상인 실재적인 것은 내포량, 즉 도를 가진다는 것이다> 이 문장의 의미를 이해할 수 있는 한국인이 과연 몇 명이나 될까? <모든 현상에서 감각의 대상이 되는 실체는 세기 등급, 즉 정도를 갖는다>라는 뜻이다. 예컨대 전혀 맛없는 것에서부터 매우 맛있는 것까지, 싱거움부터 짠맛까지, 흰색에서 검정색까지, 차가움에서 뜨거움까지, 고요함에서 시끄러움까지, 우리 인간은 감각의 대상이 되는 것에 대해서는 그 정도를 선천적으로 구별할 수 있다는 의미이기도 하다. 흔히 논리학 해설에서 자주 언급되는 그런 의미와는 다르다(3점). '포함한다'라는 의미를 넘어선다면, 내포라는 단어로는 소통이 불가하다(4점).

$$내포 = \begin{pmatrix} 4 & 4 \\ 3 & 4 \end{pmatrix}$$

백종현은 밀도로 번역한다. 내포보다는 훨씬 좋은 번역어이다. 한국어로 번역했기 때문이다. 단어 자체로 그 의미가 명확하지만 문맥상으로는 모호하다(2점). 중학생 수준의 지식이라면 그 의미를 알 수 있다(1점). 우리가 과학 시간에 배우는 밀도와 intension의 의미는 서로 유사하지만 일치하지는 않는다(2점). 철학 교사의 주석이나 해설이 있어야 이해할 수 있다(2점). 그러므로 intension의 번역어로서 밀도의 단어 위상은 다음과 같다.

$$밀도 = \begin{pmatrix} 2 & 1 \\ 2 & 2 \end{pmatrix}$$

요긴한 지식 8 | 술어 논리란 무엇인가?

서양철학자들은 생각이란 판단이라고 여겼다. 즉 사고력은 판단력이다. 판단이란 주어와 술어의 연결이며, 이를 일컬어 명제라고 부른다. 이러한 판단 형식을 탐구하는 학문이 논리학이다. 논리학에서 술어는 문법에서 말하는 서술어를 의미하지 않는다. 주어의 의미를 규정하는 것은 모두 술어이다. 어떤 술어가 연결되느냐에 따라 주어의 의미와 성격이 달라진다. 그러므로 논리학은 주어가 주도하는 것이 아니라 술어가 주도한다. 그것을 일컬어 술어 논리라 부른다. QR 코드의 영상을 통해 술어 논리가 갖는 의미를 자세히 정리했다.

괴씸한 철학번역

Synthesis

종
합
의

문제

괴씸한 철학번역

학자들은 synthesis를 종합으로 번역한다. 종합은 여러 가지를 연결하거나 한데 모아서 합한다는 뜻을 갖는 단어이다. 잘못된 번역이 아니다. 그런데 주석이 필요한 번역이다. 이 단어의 위상에는 아주 흥미로운 요소가 있다. 논리학에서 synthesis는 '형식적인 단어'로서 자명한 위상만을 갖는다. 그런데 한국어 종합이라는 단어는 형식적으로 자명하지 않다. '내용적인 의미'까지 포함되어 있기 때문이다. 그런 점에서 synthesis와 종합의 단어 위상이 같지 않다.

예를 들어 '종합검진', '종합개발', '종합평가', '종합성적'처럼, 종합이라는 단어에는 어떤 일련의 과정에서 마침표를 찍는 **종국적인** 뜻이 들어 있다. 그래서 한국인들은 종합이라는 단어가 갖는 의미와 내용에 대해 민감하게 반응한다. 사람들은 어떻게 끝났는지 납득하기를 원하기 때문이다. 다시 말하면 '어떻게 종합되었느냐'는 것이며, '종합의 구체적인 내용이 무엇이냐'는 것이다. 예컨대 '종합평가'의 경우 어떤 식으로 평가되는지, '종합부동산세'의 경우 그 세세한 내용이 무엇인지, '종합검진'의 경우 어떤 검진 항목이 들어있는지 등이 그러하다. 즉, 종합은 자명한 단어가 아니라, 궁금증을 풍기는 불명확한 의미의 단어이다.

반면 일반 논리학, 그리고 <순수이성비판>에서 사용되는 synthesis는, 위와 같은 한국어 사정이 없다. Synthesis는 이것과 저것을 연결하는 정도의 형식적인 의미로만 사용된다. 어떻게 연결되었으며, 어째서 연결되는지를 묻지 않는다. 서로 다른 의미의 이것과 저것이 두 개 이상 연결된다면 synthesis이다. 그렇기 때문에 내용을 생각하지 않는 극히 형식적이며 자명한 의미의 단어이다. <순수이성비판>에서 약 350회 이상 등장한다.

괴씸한 철학번역

종합이라는 단어는 그 자체로 모호한 단어이다(3점). 물론 쉬운 단어이다(1점). 사전적 의미로만 본다면 정확한 번역인 것처럼 보이지만, 위에서 설명한 한국어 사정 때문에 언어의 위상, 즉 형식이냐 내용이냐의 위상이 다르다. 그래서 의미가 다른 것이다(3점). Synthesis를 종합으로 번역한 결과, 한국 독자들은 이 단어가 사용될 때마다, 수백 번 이상, '그래서 어떻게 종합되었다는 거지?'라는 머뭇거림을 품고 말았다. 소통에 적지 않은 혼란이 초래됐다(3점). 주석을 넣어 주면 이런 혼란을 예방할 수 있기는 하지만, 누구도 단어의 의미적 위상에 대한 주석을 달아 주지 않으니 독자는 헷갈리기만 한다. Synthesis의 번역어로서 '종합'의 단어 위상은 아래와 같다.

$$종합 = \begin{pmatrix} 3 & 1 \\ 3 & 3 \end{pmatrix}$$

<순수이성비판>은 인간의 머릿속에 들어가는 작업이었다. 인간의 생각 속으로 들어가는 순간, 철학은 논리학을 만난다. 논리학은 인간 생각의 형식에 관한 학문이기 때문이며, 결국 <순수이성비판>은 논리학 책이다. 논리학에 익숙하지 않는 독자들이 첫 번째 만나는 장벽이 바로 synthesis라는 단어이다. 이 단어의 본래 의미를 좀 더 알아 보자. 논리학은 명제에서 시작한다. <독약은 독이 들어있는 약이다>라는 문장을 일컬어 '분석 명제'라고 부른다. '독약'이라는 주어를 분석하기만 하면 '독이 들어있는 약이다'라는 판단이 저절로 나온다. 이 문장에는 '독약'이라는 단어만 있을 뿐이어서 그 단어를 벗어난 다른 의미와는 연결되지 않는다. 인간이 이런 문장으로 어떤 판단을 내릴 때, 그 판단을 일컬어 '분석 판단'이라 한다. 그러나 <게임은 독약이다>라는 문장의 경우, 주어인 '게임'을 아무리 분석해도 '독약이다'라는 판단이 나오지 않는다.

괴씸한 철학번역

'게임'이라는 단어와 '독약'이라는 단어는 서로 무관하다. 그런데 하나의 문장으로 연결되었다. 칸트는 이런 명제와 판단을 일컬어 synthesis라는 단어를 사용한 것이었다. 한국어 번역으로 말한다면, 종합명제, 종합판단이다. 논리학에서 종합이라는 단어에 숨겨진 의미는 없다. 서로 다른 의미의 두 단어가 주어와 술어로 연결되어 하나의 문장으로 결합되었음을 뜻한다. 참과 거짓 여부는 불문한다. <게임은 독약이다>라는 문장에 들어있는 의미를 나는 거부한다. 그러나 그 판단이 종합명제라는 점을 인정한다.

과거 일본 학자가 synthesis를 종합綜合으로 번역한 이후로, 칸트를 읽는 우리 한국인은 백 년 동안 이런 번역 부작용의 고통을 감수해야 했다. 마땅한 단어가 없었느냐 하면 그것도 아니었다. 우리에게는 이미 자명한 단어가 있다. '연결'이 그것이다. 연결은 종합과 달리 그 내용을 따지지 않는다. 단지 이것과 저것을 서로 잇는 것을 뜻할 뿐이다. 이 단어의 위상은 아래와 같다. '종합'에 비해 단어의 위상이 낮다.

$$연결 = \begin{pmatrix} 0 & 0 \\ 1 & 0 \end{pmatrix}$$

하지만 안타깝게도, 연결이라는 단어가 synthesis의 번역어인 종합을 당장에 대체하지는 못할 것이다. 오랜 세월 동안 사회적으로 공유해 온 언어 습관을 교정하는 것은 어려운 일인 데다가, synthesis가 서양 철학의 핵심 용어가 아닐 뿐더러, 매우 단순하고 명쾌한 의미여서, 누군가 '그 단어는 이것과 저것을 연결하여 결합한다는 형식적인 의미만 있어요'라고 가르쳐 주기만 해도 쉽게 오해를 예방할 수 있기 때문이다. 그렇다면 굳이 교정하기 위해 애쓸 필요는 없지 않을까.

Unity

하나됨이냐

통
일
이
냐

Unity는 synthesis와 동일한 문제를 갖는다. <순수이성비판>에서 unity 는 '형식적인 단어'로서 단순한 의미의 위상만을 갖는다. 그 내용이 무엇 인지 무관하게 '하나가 되었다'는 형식만을 강조하는 단어이다. 다른 의 미는 없다. 학자들은 unity를 통일로 번역한다. 그런데 한국어 '통일'은 형식적으로 자명하지 않다. '내용적인 의미'까지 섞여 있기 때문이다. 그 런 점에서 unity와 통일의 의미적 위상이 같지 않다.

종합과 마찬가지로 통일이라는 단어는 그 자체로 모호한 단어이다(3 점). '하나가 되었다'는 의미가 있다는 점에서 잘못된 번역은커녕 정확한 번역처럼 보인다. 그렇기 때문에 이 번역을 의심한 칸트 전문가는 거의 없었을 것이다. 하지만 우리말에서 통일이라는 단어에는 한편으로는 어 떤 조화로움이나 어울림이 섞여 있다. 어떤 디자인의 어울림을 표현하 면서 '기하학적으로 통일되어 있다'고 말할 수 있는데, 이때의 통일은 하 나됨의 의미가 없거나 약할 수 있다. 다른 한편으로 통일이라는 단어는 모종의 가치 판단이 개입돼서 '어떤 혹은 어떻게'라는 의문을 동반한다. 예를 들어 남북한의 통일을 말할 때, 우리는 단순히 하나됨만이 아닌 어 떤 방식으로 통일되느냐에 관심을 가진다. 어떤 건물의 실내 인테리어 를 모던한 양식으로 통일하려고 할 때에도 어떤 형태 또는 어떤 스타일 로 통일할 것인지 과제로 남는다. 사람들이 복장을 통일하여 모였을 때, 완전히 똑같은 복장인 경우뿐 아니라, 스타일을 비슷하게 맞춘 것도 통 일이라고 일컫는다. 다시 말하면 '통일'이라는 단어는 그 자체로 명료한 단어가 아니라, 다른 표현이 보충되어야 비로소 명료해지는 단어이며, 이는 앞서 살펴본 '종합'보다 더욱 내용적인 의미를 갖고 있기 때문이다. 물론 누구나 아는 쉬운 단어이다(1점). 하지만 원어인 unity가 형식적인 의미만을 갖고 있는 것에 비해 우리말 번역어인 '통일'은 내용적인 의미 까지 포함하므로, 설령 외형상 그 뜻이 같은 것처럼 보이더라도 실상 다르다(3점). 따라서 <순수이성비판>을 읽으며서 독자는 끊임없이 어떤 방식으로 통일되는 것인지, 그 통일이 어떤 의미인지 의문을 가질 수밖에 없다(3점). 물론 이런 내용적인 의문은 전혀 필요 없는 것이었다. 원문은 단지 형식적인 의미만을 갖고 있기 때문이다.

$$통일 = \begin{pmatrix} 3 & 1 \\ 3 & 3 \end{pmatrix}$$

따라서 unity를 번역하려면 통일로는 역부족이고, 다른 단어를 탐색해야 한다. 생각해 보면, 여러 단어들이 있다. 내용적인 의미를 배제한다는 측면에서, 가급적 한자어보다는 순우리말이 더 좋겠다고 생각한다. 한자어의 경우 단어 그 자체의 의미에 한자 자체의 본래 의미가 간섭하는 현상이 발생할 우려가 있기 때문이다. Unity는 '하나'라는 뜻이 있다. 그러므로 '하나됨'을 선택할 수 있다. 하나됨은 그 의미가 자명하다(0점). 누구나 아는 단어이다(0점). Unity와 동일하고, 칸트가 순수이성비판에서 말하려는 의미와 일치한다(0점). 다르게 해석될 가능성이 없고, 의사소통에 어떤 혼란도 초래되지 않는다(0점). 그러므로 unity의 번역어로서 '하나됨'의 단어 위상은 다음과 같다.

$$하나됨 = \begin{pmatrix} 0 & 0 \\ 0 & 0 \end{pmatrix}$$

'일원화'는 하나됨과 동일한 의미의 한자어이다. Unity의 번역어로서 일원화가 통일보다는 더 좋은 단어 위상을 갖겠지만, 하나됨에는 미치지 못한다. 동일한 뜻을 갖고 있더라도, 형식적 의미만을 강조할 때에는 한자어보다는 순우리말이 더 장점을 갖는 것 같다.

괘씸한 철학번역

그렇다면 <순수이성비판>에서 여러 번 등장하는 synthetic unity는 무슨 뜻일까? 종래의 학자 번역에서는 '종합적 통일'이다. 내용적인 단어 두 개를 동시에 연결해서 썼으니 그 의미가 더욱 모호하다. 하지만 이 뜻을 명확하게 이해할 수 있다면, <순수이성비판>의 초월적 논리의 전반부를 이해한 것과 진배없다. 그러므로 도전해 보기로 한다. 구슬의 예를 다시 들어 보자. 나는 어떤 대상을 인식하려고 한다. 서양 철학에서 인식이란 판단이다. 따라서 나는 어떤 대상 하나를 판단하는 것이다. 판단하려면 그 대상에 대한 데이터가 우리 머릿속으로 들어와야 하고, 그다음 머릿속에서 생각해야 한다. 그 대상을 '목걸이'라고 표현해 보자(비유적인 가정이다). 우리 머릿속으로 들어온 데이터를 '구슬'이라고 하자. 그 대상에 대한 구슬이 머릿속에 많이 있다. 우리는 하루에도 이런저런 대상을 관찰하기 때문에, 불필요한 구슬도 있을 것이다. 필요한 구슬을 선별해서, 즉 그 대상에 관한 구슬만을 모아서 연결하는 것을 종합 synthesis이라고 한다. 무작정 연결해서는 안 되고, 어느 시점에서는 구슬 꿰기를 마쳐야 한다. 즉 모든 것을 **하나로 연결함**으로써 하나의 목걸이가 완성돼야 한다. 그것을 unity라 한다. 칸트는 synthesis는 상상력이 담당하고, unity는 자의식이 담당한다고 설명한다. 담당과 기능이 다르기 때문에, 설사 비슷한 의미여도 저와 같이 표현을 구별한 것이다. 상상력과 자의식은 모두 지성의 요소이다. 따라서 synthetic unity는 필요한 구슬을 '모두 연결해서 하나로 합침'이라는 뜻이며, **'종합적 하나됨'**으로 번역할 수 있겠다. 그리고 인식 활동에서 그 의미는 머릿속 지성 시스템 안으로 들어온 표상들을 모두 합쳐서 **일원화**함으로써 드디어 우리 의식이 그 대상을 판단하게 된다는 의미이다.

논

리

학

에서

번역 문제

동양 사상에는 없었고, 서양 사상에는 있었던 철학 분야가 논리학이다. 파르메니데스º의 시편에서 언급된 것처럼, <있음은 있음이다>라는 동일률에서 논리학은 시작한다. 그러나 노자의 <도덕경>의 첫 구절은 도를 도라고 하면 항상 도가 될 수 없다고 선언하면서 동일률을 부정한다. 서양은 형식적인 명료함에서 사상을 전개하고, 동양은 내용적인 심오함에서 지혜를 가르친다. 흥미로운 차이다. 물론 동양 사상에 논리학이 없었다고 해서, 동양 사상에 논리가 없었다는 것은 아니다. 동양은 동양 나름의 논리가 있었을 것이다.

논리학은 사람들의 생각이 어떻게 언어로 표현되는지, 그 형식을 탐구하는 학문이다. 생각은 하나의 사건이다. 이것은 생각의 대상을 마주보면서, 그 대상을 판단하는 사건이다. 그러므로 논리학에서 생각이란 판단이다. 판단이란 무엇일까? 철학자들은 판단이란 주어와 술어의 연결이라고 보았다. 그리하여 모든 판단은 문장이다. 그것을 철학자들은 명제라 칭했다. 명제에서 주어와 술어는 단어로 이루어지고, 그 단어를 일컬어 개념이라고 했다. 술어를 주어에 연결할 때, 어떤 술어냐에 따라 주어의 성격이 바뀐다. 술어가 주도하는 이런 논리(술어논리) 세계에서, 술어가 아무렇게나 무질서하게 주어에 연결되는 것은 아니다. 어떤 규칙이 발견되었다. 그것을 탐구하는 철학이 논리학이다.

생각이라는 사건에서 우리는 여러 가지 동의어를 얻을

수 있다. 생각이란 판단이며 앎이며 인식이다. 또한 표현의 관점에서 생각이란 명제이며 문장이다. 그런데 명제는 주어와 술어의 연결 규칙이다. 사고력은 판단력이며 인식능력이며 규칙능력이자 그 규칙을 만들어 내는 개념의 어휘력이다. 결국 생각이란 문장을 분석하는 사건이 되는 것이다. 만약 인간이 사용하는 문장을 일련의 형식으로 질서있게 분류한다면, 그것은 실로 생각의 형식을 질서있게 분류하는 것과 동일한 의미가 되고, 논리학은 그런 지식체계를 탐구하는 철학이라고 말할 수도 있다. 즉, 인간의 생각을 좀 더 쉽고 명쾌하게 탐구하려는 학문이기 때문에, 논리학에서 사용되는 단어는 일단 **쉬워야** 한다. **명쾌해야** 한다. **단순해야** 한다. 그러나 안타깝게도 현실은 그렇지 않다. 기이하게도 학자들은 쉬운 단어와 어려운 단어가 있다면 반드시 어려운 단어를 선택한다. 대중들의 이해력은 그들의 관심사가 아니다. 그저 백여 년 전 일본 학자의 권위를 답습한다. 철학자란 기존 권위에 억눌리지 않고, 오류를 바로잡고, 무지에 저항하면서 비판적인 생각을 표현하는 사람이라고 나는 기대했다. 하지만 잘못된 인습에 관한 철학적 봉기는 없다. 이 나라에서 철학은 침묵이 전통이다. 오류도 잘못도 부족함도 모두 이 오래된 침묵의 등기부 등본에 정당하게 기록되었으니, 당신에게 필요한 것은 비판이 아니라 암기이다.

그럼에도 불구하고 생각은 앎이며, 앎은 판단이며, 판단은 명제이고, 명제는 문장이다. 이 세상에는 무수히 많은 생각이 있다. 그 생각은 결국 문장으로 표현될 것이다. 칸트는 <순수이성비판>에서 12개 유형의 판단 형식^{P}을 제시했다. 인간의 생각과 앎은 모두 이런 형식 중 어느 하나로 표현된다는 것이었다. 칸트의 독창적인 주장은 아니었다. 아리스토텔레스 이후 오랫동안 전승된 논리학의 지식을 칸트 관점으로 정리한 것이다. 칸트가 정리한 이 12개의 일반논리학의 판단 유형의 영어 번역은 다음과 같다.

Quantity	Quality	Relation	Modality
Universal	Affirmative	Categorical	Problematic
Particular	Negative	Hypothetical	Assertoric
Singular	Infinite	Disjunctive	Apodeictic

일본 학자들은 19세기에 이것들을 한자어로 번역했다 (물론 이것이 일본어 번역의 전부는 아니다).

量	質	関係	様相
全称判断	肯定判断	定言判断	蓋然判断
特称判断	否定判断	仮言判断	実然判断
単称判断	無限判断	選言判断	必然判断

일본어를 아는 독자들은 음독하는 데 어려움이 없을 것이다. 그런데 일본어를 몰라도 좋고, 한자를 읽지 못해도 괜찮다. 친절하게도, 한국의 철학자들이 아래와 같이 대신 읽어 주기 때문이다. 최재희는, 다음과 같이, 일

본 번역을 그대로 우리말로 표기했다. 학자들의 무임승차 결과, 일본어가 우리나라 논리학의 표준 용어가 되었다.

분량	성질	관계	양상
전칭 판단	긍정 판단	정언 판단	개연 판단
특칭 판단	부정 판단	가언 판단	실연 판단
단칭 판단	무한 판단	선언 판단	필연 판단

나는 단지 이런 용어 자체가 잘못됐다고만 주장하는 게 아니다. 어째서 알아듣기 쉬운 우리말을 찾아보려고 하지 않는가? 어째서 일본 학자의 언어를 무임승차하려고만 하는가? 학자들의 철학 용어는 백 년 전 우리말이 아니라 백 년 전 일본말이다. 평범한 한국인이 백 년 전 일본말을 이해할 리 만무하다. 죽은 단어로 철학하는 것은 가능하지 않다. 유일하게 가능한 것은 철학을 암기 과목으로 여겨서 외우는 것이다. 기술 용어 암기하듯이 암기해야 한다. 그런데 기술 용어는 실제 그 기술을 적용하면서 숙련된 경험과 직관을 통해 그 언어가 자연스럽게 머릿속에 새겨진다. 게다가 기술은 실용성과 이익을 준다. 철학은 직관의 도움을 받지 못하기 때문에, 설령 용어(사실상 일본어)를 암기해도 금방 머릿속에서 증발된다. 철학이 지혜를 준다고? 암기 과제를 준다.

일본어의 늪에서 고생하는 한국어를 보라. 이제부터 보

146

괴씸한 철학번역

편 판단을 포함하여 12개의 판단을 살펴본다.

주석 O: Parmenides 515~450BC. 엘레아의 파르메니데스. 소크라테스 이전의 철학자로 지금의 이탈리아 남부 엘레아에서 태어났다. 서양철학사에서 최초로 형이상학 또는 존재론을 설파한 철학자로 여겨진다. 또한 최초의 논리학자라는 견해도 있다. 그는 후대에 서사시 한 편을 남겼다. 원제가 무엇인지 알려지지 않았으나 통상 〈자연에 관하여On Nature〉로 언급된다. 파르메니데스의 철학은 서사시에 쓰인 것처럼 〈있음은 있음이요 없음은 있을 수 없다〉는 것이며, 존재하는 것은 〈하나〉로 존재하고 그것은 변화할 수 없음을 설파한다. 파르메니데스는 플라톤 사상에 상당한 영향을 끼친 고대의 거인이었다. 그의 〈자연에 관하여〉 전문은 이소노미아 출판사의 〈철학단편선〉(2022)에 우리말 서사시로 번역되어 있다.

주석 P: 칸트는 12개의 판단 형식을 일컬어 **'지성의 논리적 기능'**이라고 표현했다. 문장으로 표현되는 판단을 분석하면, 인간의 생각이 어떤 논리적 기능을 갖고 있는지 발견할 수 있다는 것이다. 그 논리적 기능을 만들어 내는 배후에 순수 지성 개념, 즉 범주가 있다.

괘씸한 철학번역

Universal

보편이냐

전
칭
이
냐

괘씸한 철학번역

Universal은 판단표에서 양의 판단에 속한다. 예를 들어 명제에서 〈모든 독일인은 정직하다〉, 〈모든 책은 보물이다〉, 〈모든 유튜버는 천재다〉와 같은 문장 형식으로 이루어지는 판단을 일컬어 universal이라고 한다. 주어에 '모든'이라는 수식이 붙었다.

일본 학자가 **全称**으로 번역했다. 우리나라 학자가 그 한자를 '전칭'으로 받아적었다. 평범한 한국인이 알 수 있는 단어가 아니므로 불명확하다(4점). 논리학을 공부한 전문가만이 이 단어를 알 수 있다(4점). Universal judgment의 의미와 전칭 판단의 의미가 동일성 범위 안에 있다고 인정하더라도(1점). 이 단어로 소통은 불가능하다(4점). 왜냐하면 소통에 참여한 화자들이 대등하지 않기 때문이며, 한쪽은 암기에 성공한 사람들이 아는 척하고, 다른 한쪽은 암기 대상으로 전락하기 때문이다. 그러므로 universal의 번역어로서 '전칭'의 단어 위상은 다음과 같다.

$$전칭 = \begin{pmatrix} 4 & 4 \\ 1 & 4 \end{pmatrix}$$

우리는 쉽고 흔한 단어를 선택할 수 있다. '보편'이다. 보편은 모든 경우에 적용되는

괴씸한 철학번역

판단을 의미한다는 점을 명확하게 전달한다(1점). 중고등학생 수준의 어휘이다(2점). 원어와 번역어가 의미적으로 일치한다(0점). 소통에 아무런 문제가 없다(0점). 그러므로 universal의 번역어로서 '보편'의 단어 위상은 다음과 같이 정리할 수 있다.

$$보편 = \begin{pmatrix} 1 & 2 \\ 0 & 0 \end{pmatrix}$$

단어 위상이 이러하다면, universal judgment를 보편 판단으로 번역하는 것이 바람직한지, 아니면 여전히 전칭 판단이어야 하는지, 그 판단은 어렵지 않을 것이다.

괘씸한 철학번역

Particular

개별이냐

특
칭
이
냐

괘씸한 철학번역

Particular는 판단표에서 양의 판단에 속한다. 예를 들어 명제에서 〈어떤 독일인은 정직하다〉, 〈어떤 책은 보물이다〉, 〈어떤 유튜버는 천재다〉와 같은 문장 형식으로 이루어지는 판단을 일컬어 particular judgment라고 한다. 주어에 '어떤'이라는 수식이 붙었다.

일본 학자가 特稱으로 번역했다. 우리나라 학자가 그 한자를 보며 과연 그러하다면서 수용했다. '특칭'은 전칭과 마찬가지로 평범한 한국인이 알 수 있는 단어가 아니다 (4점). 나는 지금껏 일상 생활에서 이 단어를 들은 적이 없다. 논리학을 공부한 전문가만이 이 단어를 알 수 있다(4점). Particular judgment의 의미와 특칭 판단의 의미가 동일성 범위 안에 있다고 인정하더라도(1점). 이 단어로 소통은 불가능하다(4점). 그러므로 particular의 번역어로서 '특칭'의 단어 위상은 다음과 같다.

$$특칭 = \begin{pmatrix} 4 & 4 \\ 1 & 4 \end{pmatrix}$$

Particular judgment는 개별적인 사건에 관한 판단이다. 그러므로 '개별'이라는 단어를 쓰면 된다. 그 의미가 명확하다(1점). 중

괘씸한 철학번역

학생 수준의 어휘이다(1점). 원어와 번역어의 의미가 동일성 범위 안에 있다(1점). 소통에 아무런 문제가 없다(0점). 그러므로 particular의 번역어로서 '개별'의 단어 위상은 다음과 같이 정리할 수 있다.

$$개별 = \begin{pmatrix} 1 & 1 \\ 1 & 0 \end{pmatrix}$$

우리 한국인은 특칭 판단이라는 단어를 모르고, 모르는 단어로 적혀 있는 논리학을 접하면 당연히 어렵다. 그러나 우리는 개별 판단이라는 표현을 쓸 수 있고, 그러면 논리학이 그만큼 친숙해진다.

Singular

단일이냐

단
칭
이
냐

괘씸한 철학번역

Singular는 판단표에서 마지막으로 양의 판단에 속한다. 예를 들어 명제에서 〈칸트는 독일인이다〉, 〈이 책은 보물이다〉, 〈유튜버 홍길동은 천재다〉와 같은 문장 형식으로 이루어지는 판단을 일컬어 singular judgment라고 한다. 하나의 주어만이 등장한다.

일본 학자가 單稱으로 번역했다. 우리가 그것을 그대로 수용했다. 전칭이나 특칭과 마찬가지로 평범한 한국인이 알 수 있는 단어가 아니다(4점). 논리학을 공부한 전문가만이 이 단어를 알 수 있다(4점). Singular judgment의 의미와 단칭 판단의 의미가 동일성 범위 안에 있다고 인정하더라도(1점). 이 단어로 소통은 불가능하다(4점). 단어 위상이 이렇게 나빠진 까닭은 '칭'이라는 한자어 때문이다. 그러므로 particular의 번역어로서 '단칭'의 단어 위상은 다음과 같다.

$$단칭 = \begin{pmatrix} 4 & 4 \\ 1 & 4 \end{pmatrix}$$

Singular judgment는 하나의 사건에서 고유하게 정해진 그 하나의 주어를 판단하는 것이다. 우리에게는 '단 하나로 되어 있다'는 뜻의 '단일'이라는 평범한 단어가 있다. 그 의미가 명확하다(1점). 중학생 수준이라면 알 수 있는 단어이다(1점). Singular와 단일 은 그 의미상 일치한다(0점). '단칭 판단'을 '단일 판단'이라고 칭하더라도 소통에 큰 문 제는 없다(1점).

$$단일 = \begin{pmatrix} 1 & 1 \\ 0 & 1 \end{pmatrix}$$

Affirmative
Negative

긍정 판단

과

부정 판단

괘씸한 철학번역

일본 사람이 발명한 단어라고 해서 무조건 배척되어야 하는 것은 아니다. 처음에는 일본어였으나 시간이 지남에 따라 한국인에게 수용되어 자연스럽게 한국어가 된 단어들이 있다. 단어의 혈통이 어찌되었든 한국 사람들이 일상 생활에서 평범하게 사용한다면 그 단어는 한국어이다. 옛 일본 학자가 affirmative는 긍정, negative는 부정으로 번역하였다. 판단표에서 질에 속하는 것으로 각각 긍정 판단, 부정 판단을 나타내며, 예컨대 전자는 〈독일인은 정직하다〉, 〈책은 보물이다〉, 〈유튜브는 유익하다〉와 같은 유형의 문장을, 후자는 〈독일인은 정직하지 않다〉, 〈책은 보물이 아니다〉, 〈유튜브는 유익하지 않다〉와 같은 유형의 문장을 일컫는다. 긍정과 부정은 그 의미가 자명하다(0점). 그 단어의 뜻을 모르는 사람이 없다(0점). 번역어가 원문의 언어와 같은 의미를 지니며(0점). 명쾌한 소통이 가능하다(0점). 그러므로 각각의 단어 위상은 다음과 같이 이상적이다.

$$긍정 = \begin{pmatrix} 0 & 0 \\ 0 & 0 \end{pmatrix}$$

$$부정 = \begin{pmatrix} 0 & 0 \\ 0 & 0 \end{pmatrix}$$

괴쌈한 철학번역

Infinite

긍정부정인가

무
한
인
가

괴씸한 철학번역

보통 infinite는 '무한'으로 번역한다. 이런 번역에 잘못은 없어 보인다. 그런데 infinite judgment를 '무한 판단'으로 번역하고 보면, 그 의미를 모르겠다.

무한이라는 단어는 자명한 것처럼 보인다. 그러나 이 단어는 논리학에서 단어 자체의 의미로 사용되지 않고, 논리적 문맥을 전제로 사용된다는 점을 간과해서는 안 된다. 문장으로 표현되는 판단에서 논리적 기능으로서의 무한은 그 의미가 불명확하다(4점). 논리학에 관한 전문가 수준의 지식이 필요하다(4점). 서양 논리학에서 의미하는 infinite와 무한 사이의 의미적 동일성도 검증하기 어렵다(2점). 소통은 가능하지 않을 것이다(4점). 설령 철학 교사가 잘 안내하여 판단표에서 infinite는 질의 유형에 속하며, 긍정문이되 술어에 부정적인 의미가 있다고 가르쳐 주더라도, '어째서 그게 무한인가?'라는 의문은 지워지지 않을 것이며, 머릿속에서 지식으로 자리잡기보다는 결국 증발되고 말 것이다. 그러므로 infinite의 번역어로서 '무한'의 단어 위상은 다음과 같은 행렬로 나타낼 수 있다.

$$무한 = \begin{pmatrix} 4 & 4 \\ 2 & 4 \end{pmatrix}$$

나는 논리학에서 infinite judgment가 어째서 '무한 판단'이 되는 것인지 그 원리를 이해하는 데 너무 많은 시간을 낭비했다. 칸트의 〈순수이성비판〉의 판단표 부분을 여러 번 읽고 나서야 겨우 이해할 수 있었다. 문장의 형식은 긍정문인데, 내용은 부정적인 의미를 포함하는 문장을 infinite judgment라고 한다. 보통의 긍정문에서 주어는 술어가 규정하는 한정된 영역에 존재한다. 예컨대 〈프로이센군은 독일에 속한 나라의 군대이다〉라고 할 때, 주어 '프로이센군'은 술어 '독일에 속한 나라의 군대'라는 분명하게 한정된 영역 안에 존재한다. 그런데 마찬가지의 긍정문인, 〈프로이센군은 불패이다〉에서 주어 '프로이센군'이 존재하는 술어의 영역은 보통의 긍정문과 달리 정해져 있지 않다. 그저 '불패'이기만 하다면야 'OK'이기 때문에 그 영역은 무한히 열려 있다는 것이다. 그래서 infinite이다. 〈영혼은 불멸이다〉라는 판단에서, 주어인 영혼은 불멸이기만 하다면야 어느 곳이든 좋은, 저 무한한 술어의 영역에 존재하게 되는 것이다. 그러나 이러한 문맥은 '무한'이라는 단어만으로는 한국인에게 전해질 수 없다. 철학 교사의 특별한 설명이 없으면 해석조차 불가능하다.

괴씸한 철학번역

우리 한국어는 로마자 알파벳을 사용하지 않는다. 라틴어에서 독일어 혹은 영어로 번역될 때, 혹은 독일어에서 영어로 번역될 때 로마자 알파벳의 족쇄에 묶인다. 로마자 알파벳을 한국어로 번역할 때 그런 족쇄가 없으니, 한국어 번역은 특별한 언어적 자유가 주어진다. Infinite를 일본 학자가 한 것처럼, 무한으로 번역할 게 아니라, 긍정문이되 술어에 부정 의미가 포함되어 있음을 직접적으로 나타내는 표현인 '긍정부정'으로 생각해 볼 수 있다. 앞에서 살펴본 것처럼, 긍정과 부정의 단어 위상은 아주 이상적이었다. 그것을 연결한 다음, 주석을 붙여 주면 그 의미가 명확하게 전달된다. 즉, 긍정부정은 그 자체로 의미가 다소 모호하지만 약간의 설명만으로 자명하게 이해된다(2점). 단어 자체의 난이도는 쉽다(1점). Infinite와 긍정부정은 판단표의 맥락에서 의미가 동일하다(1점). 주석은 필요할 것이다(2점). 그렇다면 infinite의 번역어로서 '긍정부정'의 단어 위상은 다음과 같다.

$$긍정부정 = \begin{pmatrix} 2 & 1 \\ 1 & 2 \end{pmatrix}$$

단어 위상의 값을 비교하건대, infinite의 번역어로서 '무한'보다는 '긍정부정'이 훨씬 우월하다. '긍정문이지만 술어에 부정적인 의미가 있는 문장'이라는 주석을 달어주기만 해도 한국인 독자에게 아주 자명하게 이해될 수 있기 때문이다.

Categorical

무조건인가

정
언
인
가

Categorical은 판단표에서 관계의 판단에 속한다. 예를 들어 명제에서 〈모든 독일인은 정직하다〉, 〈성서는 기독교의 경전이다〉, 〈지구는 돈다〉, 〈너와 나는 적이다〉와 같은 문장 형식으로 이루어지는 판단을 일컬어 categorical judgment라고 한다. 주어와 술어 사이에 어떤 조건이나 가정이 붙어 있지 않아서, 주어와 술어의 관계가 아무런 조건 없이 연결된 문장을 뜻한다. 일단 참과 거짓은 따지지 않는다.

일본 학자가 이것을 定言으로 번역했다. 그 후 우리나라에서 categorical은 '정언'이 되었다. 평범한 한국인이 알 수 있는 단어가 아니어서 그 의미는 불명확하다(4점). 논리학을 공부한 전문가만이 이 단어를 알 수 있다(4점). Categorical judgment의 의미와 정언 판단의 의미가 동일성 범위 안에 있다고 인정하더라도(1점), 이 단어로 소통은 불가능하다(4점). 그러므로 categorical의 번역어로서 '정언'의 단어 위상은 다음과 같다.

$$정언 = \begin{pmatrix} 4 & 4 \\ 1 & 4 \end{pmatrix}$$

어떤 조건도 붙지 않는 문장, 그것이 바로 categorical judgment이다. 그러므로 '무조건'으로 번역하면 그만이다. 그 의미가 자명하다(0 점). 이 단어를 모르는 한국인이 없다(0점). 논리적 기능으로서 categorical과 무조건은 그 의미가 동일성 범위 안에 있다(1점). 소통하는 데 어떤 문제도 없다(0점). 그러므로 categorical의 번역어로서 '무조건'의 단어 위상은 다음과 같다.

$$무조건 = \begin{pmatrix} 0 & 0 \\ 1 & 0 \end{pmatrix}$$

단어 위상이 위와 같다면, 정언이라는 국적 없는 표현을 버리고, 한국인의 단어인 무조건이라는 단어를 사용하는 것이 바람직하다. 그런데 실상 '정언판단'이라는 용어는 논리학자들의 대화가 아니라면 거의 사용되지 않는다. 문제는 다른 곳에서 발생한다. 윤리학에서 **정언명령**Categorical Imperative이라는 유명한 용어가 있다. 도덕철학을 공부하는 사람이라면 반드시 알아야 하는 것으로, 〈네 좌우명이 동시에 보편적인 법칙이 되는 그런 좌우명에 따라 항상 행동하라〉, 〈언제나 인간을 목적으로 대우하라〉와 같은 형식의 **명령문**을 일컬어 정언명령이라고 한다. 중력의 법칙처럼 법은 조건을 따지지 않고 적용된다. 도덕법칙이라면, 법칙이라는 것이니까, 마찬가지로 무조건적으로 적용돼야 한다. 따라서 도덕법칙은 무조건 명령문으로 표현되는 것이다. 하지만 우리 한국인은 무조건 명령이라는 쉽고 명료한 표현을 쓰지 못한다. 일본인이 이 땅에 사는 사람들에게 가르친 정언명령이라는 단어를 써야 한다. 워낙 깊고 넓게 새겨져 있기 때문에, 지금 세대에서는 교정할 수도 없다.

Hypothetical

조건인가

가
언
인
가

괘씸한 철학번역

Hypothetical은 판단표에서 관계의 판단에 속한다. 예를 들어 명제에서 〈그가, 독일인 이라면, 정직할 것이다〉, 〈그녀가 기독교도 라면 성서를 읽을 것이다〉, 〈내가 대신 돈 다면, 지구는 멈춘다〉, 〈이 제안을 받아들 이지 않으면, 너와 나는 적이다〉와 같은 문 장 형식으로 이루어지는 판단을 일컬어 hypothetical judgment라고 한다. 주어와 술 어 사이에 어떤 조건이나 가정이 붙어 있다. 주어와 술어의 관계가 어떤 조건을 매개로 연결된 문장을 뜻한다. 일단 참과 거짓은 따 지지 않는다.

옛날 일본 학자가 이것을 仮言으로 번역하 고, 우리가 그걸 모방하여 가언으로 표현한 다. 평범한 한국인이 알 수 있는 단어가 아 니어서 그 의미는 불명확하다(4점). 논리학 을 공부한 전문가만이 이 단어를 알 수 있다 (4점). Hypothetical judgment의 의미와 가언 판단의 의미가 동일성 범위 안에 있다고 인 정하더라도(1점). 이 단어로는 소통이 불가 능하다(4점). 그러므로 hypothetical의 번역 어로서 '가언'의 단어 위상은 다음과 같다.

$$가언 = \begin{pmatrix} 4 & 4 \\ 1 & 4 \end{pmatrix}$$

이것은 간단하게 '조건'으로 번역하면 그만
이다. 조건이라는 의미는 명확하다(1점). 이
단어를 모르는 한국인이 없다(0점). 논리
적 기능으로서 hypothetical과 무조건은 그
의미가 동일성 범위 안에 있다(1점). 소통
하는 데 어떤 문제도 없다(0점). 그러므로
hypothetical의 번역어로서 '조건'의 단어 위
상은 다음과 같다.

$$조건 = \begin{pmatrix} 1 & 0 \\ 1 & 0 \end{pmatrix}$$

단어 위상이 위와 같다면, 가언이라는 국적
없는 표현을 버리고, 한국인의 단어인 조건
이라는 단어를 사용하는 것이 바람직하다.

Disjunctive

선택인가

선
언
인
가

Disjunctive는 판단표에서 세 번째로 관계의 판단에 속한다. 예를 들어 명제에서 〈독일인은 미남이거나 바보이다〉, 〈이 나라 사람들은 기독교도이거나 불교도이다〉, 〈유튜버들은 천재이거나 바보이다〉와 같은 문장 형식으로 이루어지는 판단을 일컬어 disjunctive judgment라고 한다. 사실상 2개의 판단이 접속사 or로 연결된 명제라는 특징이 있다.

옛 일본 학자가 한자를 조합하여 選言으로 번역한 이후로, 우리나라 철학자들도 '선언'이라고 명명한다. 민주화 선언, 창립 선언, 개회 선언 등의 선언宣言이 아니다. Disjunctive을 선언으로 번역하는 것은 지금에 이르러서는 지식인의 말장난에 불과하다. 길을 지나가는 행인을 붙잡고 물어 보라. '선언'이라는 단어에 'or'라는 의미로 답하는 한국인은 없다. 평범한 한국인이 알 수 있는 단어가 아니어서 그 의미는 불명확하다(4점). 논리학을 공부한 전문가만이 이 단어를 알 수 있다(4점). Disjunctive judgment의 의미와 선언 판단의 의미가 동일성 범위 안에 있다고 인정하더라도(1점), 이 단어로는 소통이 불가능하다(4점). 그러므로 disjunctive의 번역어로서 '선언'의 단어 위상

괴섬한 철학번역

은 다음과 같다.

$$선언 = \begin{pmatrix} 4 & 4 \\ 1 & 4 \end{pmatrix}$$

or는 상식적으로 '선택'이다. 따라서 disjunctive judgment는 선택 판단이 되는 것이다. 선택이라는 단어는 그 의미가 자명하고(0점), 한국인이라면 누구나 아는 단어이다(0점). Disjunctive와 의미적으로 동일한 범위에 속한다(1점). 의사소통에 오히려 유리하고, 헷갈리지도 않는다(0점). 그러므로 disjunctive의 번역어로서 '선택'의 단어 위상은 다음과 같다.

$$선택 = \begin{pmatrix} 0 & 0 \\ 1 & 0 \end{pmatrix}$$

언어의 차이를 제쳐 두고서, disjunctive와 선택, 이 두 단어의 난이도를 비교해 본다면, 즉, 영어를 사용하는 사람이 disjunctive를 이해하는 수준과 한국인이 선택이라는 단어를 이해하는 정도를 비교한다면, 한국어 난이도 위상이 훨씬 낮을 것 같다. 옛 서양의 논리학자가 selective, optional, choice같은 단어가 아닌 disjunctive를 논리학 용어로 사용했으므로, 현대 서양인들은 어쩔 수 없이 disjunctive라는 용어를 사용할 수밖에 없다. 하지만 그런 사정에 한국인까지 속박될 필요는 없다. 이것이 번역의 특권이니, 우리가 일을 잘한다면, 번역이 항상 불리하지만은 않다.

괴씸한 철학번역

Problematic

미정인가

개
연
인
가

괘씸한 철학번역

Problematic은 판단표에서 양상의 판단에 속한다. 예를 들어 명제에서 〈독일인은 정직할 것이다〉, 〈이 책은 재미있을 것이다〉, 〈유튜브를 통해 지식을 얻을 수 있을 것이다〉와 같이 가능성을 나타내는 형식의 문장을 일컬어 problematic judgment라고 한다. 문장에서 어떤 판단이 내려졌지만, 이 판단에 들어있는 사실은 아직 정해지지 않았다.

옛 일본 학자가 한자를 조합하여 **蓋然**으로 번역한 이후로, 우리나라 철학자들도 '개연'이라고 명명했다. 앞서 살펴본 것처럼 최재희는 개연으로 번역한다. 그러나 백종현은 미정으로 번역했다. 그 우열을 가늠하기 다소 어렵다. 먼저 개연을 살펴보자. 우리는 일상 생활에서 개연성이라는 단어를 사용하며, 그럴 듯한 가능성을 뜻한다는 점에서 그 의미가 명확하다(1점). 고등학생 수준의 단어이다(2점). 출발 언어의 의미와 도착 언어 의미 사이에 동일성은 있을 것이다(1점). 개연 판단이라고 하면 형식적으로는 불가능성이 포함되지 않는다는 점에서 약점이 있으나 소통에 큰 어려움은 없을 것이다(1점). 그러므로 problematic의 번역어로서 '개연'의 단어 위상은 다음과 같은 행렬로 나타낼 수 있다.

괘씸한 철학번역

$$\text{개연} = \begin{pmatrix} 1 & 2 \\ 1 & 1 \end{pmatrix}$$

이제 미정을 살펴보자. 〈그녀와의 결혼 여부는 아직 미정이다〉, 〈아직 미정이어서 변경될 수 있다〉, 〈대학은 미정이지만, 학과는 정했다〉 등과 같이 우리는 일상 생활에서 이 단어를 사용하는 데 어려움이 없다(1점). 고등학생 수준의 단어이다(2점). Problematic judgment과 미정 판단 사이의 의미는 서로 동일한 범위로 보인다(1점). 문맥을 약간 고려해야 하는 단어이기는 해도, 소통에는 특별히 어려움이 없다(1점). 그러므로 problematic 의 번역어로서 '미정'의 단어 위상은 다음과 같은 행렬로 나타낼 수 있다.

$$\text{미정} = \begin{pmatrix} 1 & 2 \\ 1 & 1 \end{pmatrix}$$

이처럼 problematic의 번역어로서 개연과 미정의 단어 위상이 동일하게 나타났다. 그렇지만 개연을 버리고 미정을 택한다. 왜냐하면 판단표에서 양상에 속하는 판단 형식은 problematic, assertoric, apodeictic, 이렇

괴씸한 철학번역

게 세 가지로 분류되는데, 이들 세 가지 판단 형식이 어째서 양상에 함께 속했는지를 고려해야 하기 때문이다. Problematic은 아직 정해지지는 않은 사실에 대한 참을, assertoric은 사실로 정해진 참을, apodeictic은 필연적으로 정해져야 하고 이미 정해져 있는 참을 나타내는 판단이다. 다음 이어지는 assertoric은 확정으로 번역된다. 그렇다면 problematic은 미정으로 번역되는 것이 바람직하다 하겠다.

Assertoric

확정인가

실
연
인
가

괘씸한 철학번역

Assertoric은 판단표에서 양상에 속하는 두 번째 판단이다. 미정 판단과 달리 assertoric 은 사실로 정해진 판단을 나타낸다. 객관적 이어야 하며, 사실이어야 한다. 예를 들어 〈칸트는 독일인이다〉, 〈이 책은 이소노미아 출판사에서 발행되었다〉, 〈코디정은 유튜 브 채널을 운영한다〉와 같은 문장을 일컬어 assertoric judgment라고 한다.

옛 일본 학자가 assertoric을 **実然**으로 번역 했다. 최재희는 그것을 모범 삼아 '실연'으 로 번역했다. 백종현은 '확정'으로 번역했다. 즉 assertoric judgment에 대해 최재희는 실 연 판단이라는 것이고, 백종현은 확정 판단 이라는 것이다. 실연은 우리말이 아니므로 그 의미를 알 수 없다(4점). 일본어로 논리 학을 공부한 전문가가 아니라면 알 수 없는 단어이다(4점). 그것이 assertoric과 같은 의 미인지도 모르겠다(2점). 소통은 불가하다 (4점). 지나가는 사람에게 물어 보라. '실연 판단'이라고 하면 '연애 실패에 관한 판단인 가?'라는 되물음을 받을 것이다. 그러므로 assertoric의 번역어로서 '실연'은 다음과 같 은 단어 위상을 갖는다.

$$실연 = \begin{pmatrix} 4 & 4 \\ 2 & 4 \end{pmatrix}$$

괘씸한 철학번역

반면 확정은 그 의미가 자명하다(0점). 중학생 수준의 한국인이라면 확실히 정해졌다는 그 의미를 아는 데 어려움이 없다(1점). Assertoric과 동일한 범위의 의미를 갖는다(1점). 소통에 아무런 어려움이 없다(0점). 그러므로 assertoric의 번역어로서 '확정'의 단어 위상은 다음과 같이 요약할 수 있다.

$$확정 = \begin{pmatrix} 0 & 1 \\ 1 & 0 \end{pmatrix}$$

실연을 버리고 확정만 남겨 둔다.

Apodeictic

필연인가

명증인가

Apodeictic은 판단표에서 양상에 속하는 마지막 판단이다. 확정 판단은 사실이 그러하다는 판단이지만, apodeictic은 사실이 그러할 뿐더러 필연적으로 그러해야 한다는 강한 의미를 갖는다. 예를 들어 〈5+7=12〉, 〈삼각형은 세 변을 갖는다〉, 〈물체는 크기를 갖는다〉, 〈모든 변화에는 원인이 있다〉와 같은 문장이며, 수학, 자연과학에서 다루는 공리나 법칙처럼 필연적인 진술로 이루어진다.

옛 일본 학자가 *必然*으로 번역했다. 이 번역은 정당하다고 생각한다. 달리 번역할 단어를 찾기 어렵다. 필연은 그 의미가 자명하다(0점). 중학생도 알 수 있는 쉬운 단어이다(1점). Apodeictic과 같은 의미이다(0점). 소통이 쉽다(0점).

$$필연 = \begin{pmatrix} 0 & 1 \\ 0 & 0 \end{pmatrix}$$

백종현은 명증明證으로 번역한다. 명백한 증거라는 뜻이지만, 확정과 명증의 의미적 위상이 쉽게 구별되지 않는다. 명증이라는 단어의 의미가 모호하고(2점), 난이도가 있는 단어이며(3점), 양상에 속하는 판단 유형으로서 apodeictic의 의미와 명증의 사전

적 의미가 동일성 범위 안에 있다고 보기 어
렵고(2점). 평범한 소통에도 이롭지 않다(2
점).

$$명증 = \begin{pmatrix} 2 & 3 \\ 2 & 2 \end{pmatrix}$$

아마도 apodeictic을 필연이라고 번역하면
한국인들은 necessity를 떠올리게 될 것이
니, apodeictic과 necessity를 기호적으로 구
별하기 위해서라도 필연보다는 명증이 낫
다고 판단했을 것 같다. 학문의 엄밀함으로
치장되는 학자들의 이런 오류를 방지하기
위해서라도 단어의 위상 분석이 필요했던
것이다. 어떤 단어가 한국인에게 유리하고
더 좋은 번역인지는 단어의 위상 값을 통해
밝혀졌다. 또한 주어와 술어를 연결하는 동
사를 살펴보면, 명증이라는 단어 사용이 타
당하지 않음이 금세 밝혀진다. Problematic
은 can 혹은 may를 사용해서 주어와 술어
를 연결하고, assertoric는 is를 사용하는 반
면, apodeictic는 must 혹은 should를 사용
해서 주어와 술어를 연결하거나 그런 동사
가 의미적으로 들어 있어야 한다. '해야만
한다'는 명증이 아니라 필연에 어울리는 표
현이다. 더욱이 사람들이 일상 생활에서 거

의 사용하지 않는 단어인 명증보다는 익숙
한 단어인 필연이 훨씬 좋은 번역어이다.
Apodeictic judgment는 수많은 인간 생각의
12개 유형 중 하나이고, 그만큼 흔히 발견되
는 형식이라는 점을 감안해서도 그러하다.

괘씸한 철학번역

어째서
유비추론을

하지

않
는
가

괴씸한 철학번역

인간은 경험을 통해서 지식을 얻는다. 따라서 무엇인가를 경험하지 못한다면 그 무엇에 대한 지식을 얻을 수 없다. 하지만 실제로는 직접 경험하지 않고도 우리는 다양한 지식을 얻는다. 한편으로는 인류가 경험을 공유할 수 있기 때문이며(타인의 경험 지식을 내 것으로 취할 수 있다), 다른 한편으로는 우리들 머릿속에 있는 수많은 경험 지식의 집합 속에서 이성의 추리를 통해서 새로운 지식을 재구성할 수도 있기 때문이다.

그런데 그 누구도 직접 경험할 수 없는 대상이 있다. 그런 대상에 대한 지식은 어떻게 구할 것인가? 그런 대상은 두 종류로 나눌 수 있다. 첫째 **실제 세계에서는 도무지 존재하지 않는 대상**이다. 감각 세계 너머에 있기 때문에, 정말이지 실제로는 확인할 수 없고 경험할 수 없음에도, 우리들 머릿속에서는 '생각되는 것'이다. 이 어쩔 수 없는 사유물을 탐구하는 것이 형이상학이다. 신, 내세, 자유, 세계 자체 따위의 이런 형이상학적 대상은 경험을 초월해 있기 때문에 경험을 이용할 수 없다. 둘째 실제 세계에 확실히 존재하는 것인데, 우리 **인간의 능력으로는 '직접' 접근할 수 없는 대상**이 있다. 예컨대 그 대상이 너무 멀리 떨어져 있거나, 너무 작아서 볼 수 없는 경우이다. 이것은 형이상학 대상이 아니다. 과학의 대상이지만, 직접 경험할 수는 없기 때문에 실험할 수도 없고 귀납법을 직접 이용할 수도 없다. 이런 경우에 사용하는 서양 철학의 논리적 방법 중 하나가 바로 유비추론analogy이다. 로마자 알파벳 analogy를 음역

괘씸한 철학번역

해서 '아날로지'라고도 한다.

유비추론은, 경험을 통해 우리가 익히 알고 있는 다른 것(소스 도메인: Source domain)에 대한 지식을 이용하여, 우리가 경험할 수 없는 어떤 것(타깃 도메인: Target domain)의 의미를 찾거나 이해하는 논리 기법을 뜻한다. 다시 말하면 경험을 통해 직접 알 수 없는 것에 대해, 이해하고 싶고, 지식을 얻고 싶을 때, 그때 예외적으로 사용하는 논리적 방법론이다. 예컨대 다음과 같은 구조의 논리 기법이다.

① S가 어떤 관점에서 T와 유사하다.
② S는 어떤 특징 Q를 갖고 있다.
③ 그러므로 T도 Q를 갖고 있거나, 그와 유사한 Q'를 갖는다.

T는 경험할 수 없거나 경험하기 어려운 대상이어야 한다. 만약 T가 경험할 수 있는 대상이라면, 유비추론이라는 간접적이고 우회적인 논리를 사용해서 생각할 게 아니라, 직접 탐구하거나 실험해서 알아내면 될 일이다. 당연하게도 유비추론보다는 직접 경험해서 과학적으로 알아내는 지식이 더 확실하다. 예를 들어 옛날 사람들은 지구와 화성의 유사점을 확인한 다음에, 지구에 생명이 살고 있다는 사실을 전제하고 나서, 화성에도

생명이 존재하지 않을까라고 추론했다. 칸트는 이러한 유비추론의 논리가 순수 지성 개념의 원리로서 인간의 머릿속에 이미 선천적으로 들어있다고 생각했다. 한편 칸트가 순수 직관으로서 시간에 관해 유비추론으로 설명하는 논리는 다음과 같다. 타깃 도메인은 시간이 되고, 소스 도메인은 직선이 된다.

① 직선은 무한히 이어진다는 점에서 시간과 유사하다.
② 직선 위에 있는 점은 연속하는 계열로 연결되는 특성이 있다.
③ 그러므로 시간도 그런 연속한 시계열을 갖는다.

칸트의 <순수이성비판>은 인간, 더 정확히 말하면 인류의 머릿속을 탐구하는 철학이었다. 설령 뇌과학이 발전했더라도 아직은 인류의 머릿속으로 들어가서 그 세계를 직접 경험할 만한 수준은 아니다. 그런 수준이 가능할지는 몰라도 거기까지 가려면 아직 한참 멀다. 그렇다면 우리 머릿속에서 어떤 일이 벌어지는가를 탐구하는 <순수이성비판>을 **제대로 이해**하려면 유비추론 기법을 사용해야 한다. 18세기를 살았던 칸트는 유비추론을 끌어다 쓸 기존 지식을 갖고 있지 않았다. 그는 오직 사유의 힘을 통해서 고독하게 저술했다. 그러나 21세기를 살고 있는 우리는 아주 훌륭한 소스 도메인을 갖고 있다. 오늘날 컴퓨터 데이터 기술, 특히 인공지능 기술의 논리 구조는 칸트가 <순수이성비판>에서 설명하는 이성의 논리 구조와 매우 유사하다. 그러므로 컴

괴씸한 철학번역

퓨터와 인공지능 기술에 대한 지식을 소스 도메인으로 삼고, 칸트 철학의 내용을 타깃 도메인으로 하여 칸트 철학을 이해할 수 있다. 이런 유비추론 기법은 매우 효과적이어서 칸트 철학의 복잡함과 난해함이 단순해지고 쉬워진다. 어째서 철학자들은 유비추론을 하지 않는가? 칸트 자신이 그랬던 것처럼, 철학자들이 **당대의 과학과 기술 지식에** 더 관심을 갖고 밀접해지기를 희망한다.

요긴한 지식 9 | 동양 철학과 서양 철학의 차이

서양 철학은 단순하고 명쾌한 언어에 기초해서 학문이라는 건축물을 만든다. 반면 동양 철학은 심오하고 난해한 언어에 기초해서 사유의 세계를 펼친다. 서양 철학이 형식을 중요시했다면, 동양의 사상가들은 내용을 중시했던 것 같다. 서양 철학을 제대로 이해하려면 특유의 형식, 즉 논리라는 관점이 필요하다. 무엇보다 동양식 심오한 언어로 서양 철학을 이해하려고 하면, 진정한 의미가 전해지지 않는다.

Manifold

다양함인가

잡
다
인
가

괴씸한 철학번역

우리가 대상을 안다는 것은 어떤 의미일까? 그것을 인식이라고 하는데, 인식은 우리 머릿속에서 어떤 과정을 거치는 것일까? 18세기에 살았던 칸트는 그것을 놀라울 만큼 정교하게 탐구한 최초의 철학자였다.

칸트는 인간 '머릿속에 있는 것'을 일컬어 표상representation이라 표현했다. 대상을 알기 위해서는 감각을 통해 대상에 관한 정보를 머릿속으로 가져와야 한다. 그렇게 되면 우리가 안다는 것은 대상 그 자체가 아니라 대상에 관한 표상이 된다. 그런데 어떤 대상을 감각을 통해 머릿속에 가져올 때, 그 대상에 관한 감각 자료는 단수(datum)가 아니라 복수로서 감각 데이터(sense data)가 된다. 그뿐 아니다. 대상 주변에 있는 것도 가져오게 될 것이고, 또 머릿속에 이미 들어있는 것도 있을 것이다. 결국 대상에 관한 감각 데이터는 단순한 표상이 아니라, 이런저런 다양한 데이터가 되고, 그것을 일컬어 칸트는 manifold라 칭했다. 즉, 머릿속에 있는 여러 가지 다양한 표상들을 일컫는다. Apperception과 unity의 번역 검증에서 사용했던 구슬의 비유를 들자면, 머릿속에 있는 구슬 하나하나가 표상이며, 대상을 생각하려는 지금 이 순간, 머릿속에 있는 많은 구슬이 manifold이다. 구슬들이 모두 낱개로 떨어져 있으므로, 대상에 관련한 구슬만 탐색해서 연결할 필요가 있다. 그것을 종합synthesis이라 한다. 연결된 구슬의 끝을 연결함으로써 하나가 되고, 바로 그 순간이 '나는 생각한다'라는 자의식의 하나됨unity, 곧 대상 인식이 된다. 그러므로 manifold는 종합과 하나됨을 실행하기 전의, 머릿속에서 아직 꿰지 않은 여러 구슬들을 뜻한다.

최재희는 '다양'으로 번역했다. 백종현은 '잡다'라 번역했다. 전자는 일본 번역에서 유래된 것이고 오랫동안 널리 사용되었다. 근래 백종현 번역이 폭넓게 읽히면서 후자의 번역이 인용된다. 잡다와 다양 중에서 어느 쪽이 더 좋은 번역일까? 잡다는 손으로 움키고 놓지 않다는 의미가 아니다. '잡다하다'의 어근이며, '잡스러운 여러 가지가 뒤섞여 너저분하다'라는 뜻으로, 우리말 용법에서는 어근만 분리해서 사용되지 않는다. 그러므로 그 의미가 다소 모호하다(2점). 어근만으로 사용되는 것이 기이하기 때문에 쉬운 단어라고 말하기 어렵다(2점). 칸트의 manifold는 잡스러운 것이 아니며 너저분하다고 말하기도 어렵다. '잡스러운 여러 가지가 뒤섞여 너저분하다'는 것은 어떤 대상이냐에 따라, 주체가 어떤 상황에 있느냐에 따라 달라질 뿐이다. 아주 단정하게 배열된 '구슬들'일 수 있다. Manifold는 아직 연결되거나 묶이지 않은 상태로 머릿속에 있는 데이터일 뿐이다. 그러나 잡다는 이런 생각을 방해한다(3점). 잡다의 의미가 칸트의 의도에 맞게 번역되려면 주석이 필요하다고 본다(2점). 그러므로 manifold의 번역어로서 '잡다'의 단어 위상은 다음과 같다.

$$ 잡다 = \begin{pmatrix} 2 & 2 \\ 3 & 2 \end{pmatrix} $$

좋은 번역은 아니다. 번역가는 우리말 단어의 용법에 좀 더 관심을 가져야 한다. 한자어 어근에 '하다'라는 접사가 결합된 단어의 경우, 그 어근만을 분리해서 사용할 때에는, 과연 한국인이 그렇게 활용하는지를 주의 깊게 살펴봐야 한다. 앞에서 말한 것처럼, '잡다하다'에서 '잡다'만 분리해서 명사로 사용되지 않는다. '다양하다'의 경우, 극히 예외적으로 한자어 어근 '다양'만이 분리되는 경우도 있지만, 보통은 '하'가 반드시 연결돼서 사용된다. 따라서 '다양하다'를 명사로 사용하고자 한다면, '다양'이 아니라 '다양함'이 되는 것이다. 우리말의 어법에 맞게, manifold의 번역어로서 '다양함'을 사용해 보자, '여러 가지로 많다'는 의미가 명확하기는 해도, 동사에서 만들어진 명사라는 약점이 있다. 그래서 상태를 나타낼 때에는 명확하지만, 구성을 나타낼 때에는 무슨 다양함인지 다소 모호해서 맥락이 필요하다(2점). 그러나 초등학생도 아는 단어이며(0점), manifold의 의미와 일치한다(0점). 소통에 아무런 어려움도 없다(0점). 그렇다면 manifold의 번역어로서 '다양함'의 단어 위상은 다음과 같다.

$$다양함 = \begin{pmatrix} 2 & 0 \\ 0 & 0 \end{pmatrix}$$

철학에서 manifold는 잡스러운 게 아니며 너저분한 것도 아니다. 그냥 여러 가지로 많은 것을 뜻한다. 그러므로 '잡다'를 버리고 '다양함'을 취한다.

Modifications

변환물이냐

변
양
이
냐

괴씸한 철학번역

학자들은 '변양'이라고 번역한다. 일본 학자의 '変様'이라는 번역을 그대로 수용한 것이다. 변양은 우리말이 아니다. 이런 단어를 평범하게 사용하는 한국인을 만나기 어렵다. 설령 변화하는 어떤 것을 연상시키기는 하지만, 그것이 어떤 변화인지, 변화라는 단어와 무슨 차이가 있다는 것인지, 많이 모호하다(3점). 적시적소에 이 단어를 사용하려면 전문가 수준의 지식이 필요하다(4점). 칸트가 말하는 modifications[Q]는 변양의 일본어 뜻인 '모양을 바꾸는 것'과는 의미가 동일하지는 않다. 대상에 대한 감각 데이터가 직관을 통해 우리들 머릿속으로 들어올 때, 대상 그 자체가 있는 그대로 들어오는 것이 아니다. 그렇다고 모양을 바꿔서 머릿속으로 들어오는 것도 아니다. 삼각형의 대상은 우리 머릿속에 들어와서도 그 모양이 삼각형이다. 모양이 함부로 바뀐다면 대상 인식은 불가능해진다. 칸트가 말하려는 것은 그런 모양 변경이 아니라, 감각 데이터가 시간 형식과 공간 형식으로 변환되어 수용된다는 것이다. 그러므로 변양은 출발 언어와 도착 언어 사이에 의미상의 차이가 있다(3점). 직관에 의해 어떻게 모양이 바뀐다는 것인지, 소통에 혼란을 초래한다(3점). 그러므로 modifications의 우리말 번역으로서 '변양'의 단어 위상은 다음과 같이 정리할 수 있을 것이다.

$$변양 = \begin{pmatrix} 3 & 4 \\ 3 & 3 \end{pmatrix}$$

Modifications을 유비추론으로 설명하자면, 대상에 대한 아날로그 데이터가 머릿속으로 들어와 디지털 데이터로 변환되는 것을 뜻한다. Modifications는 18세기 철학자 칸트가 얼마나 천재적인지를 알 수 있는 단어이기도 하다. 칸트는 이처럼 직관을 통해 외부 대상이 머릿속으로 들어올 때 감각 자료가 1차 변환되고, 그다음 감성 영역에서 지성 영역으로 전달될 때 다양한 표상이 연결되어 2차 변환되는 것으로 이해했다.

1차 변환은, 예를 들어 CCTV가 영상을 찍으면, 대상에 관한 데이터는, 0과 1의 바이너리 코드 형식과 일련의 시간 프레임을 갖는 디지털 형식으로 변환되는 것처럼 행해지며, 변환물로 번역하는 것이 바람직해 보인다. 그 의미가 명확하며(1점), 일상 디지털 용어라서 알기 쉽고(1점), 칸트가 말하려는 메시지를 한국 사람들에게 더 정확하게 전달할 수 있으며(1점), 의사소통에도 유리하기 때문이다(1점).

$$변환물 = \begin{pmatrix} 1 & 1 \\ 1 & 1 \end{pmatrix}$$

주석 Q: 임마누엘 칸트, 〈순수이성비판〉, A97, A98

Apprehension

탐색이냐

포
착
이
냐

괘씸한 철학번역

대상은 우리 머릿속으로 들어온다. 대상 그 자체가 머릿속으로 들어올 수는 없다. 대상의 변환물이 들어오는 것이며, 그것은 공간 형식과 시간 형식으로 변환된 데이터이다. 단수가 아니라 복수이며, 다양함으로 머릿속에 존재한다. 그중에는 대상 인식에 관련한 것도 있고, 대상 인식에 무관한 것도 있다. 그렇다면 다양한 데이터 중에서 대상 인식에 관련한 것만을 탐색해서 **필요한 것만을 모을** 필요가 있다. 칸트는 그런 작업을 하는 머리의 권능을 가리켜 상상력이라고 했다. 그리고 상상력의 그런 기능을 일컬어 apprehension이라고 칭했다.

옛 일본 학자가 그것을 覺知로 번역했다. 최재희는 일본어 번역을 음역하여 '각지'라고 번역했다. 사전적 의미로는 '깨달아 앎'이라는 뜻이다. 각지라는 단어만으로 그 의미를 파악하는 것은 불가능해 보인다(4점). 일상 생활을 통해 쉽게 얻을 수 없는 어휘로, 옛 서적으로 칸트를 공부한 사람만이 알 수 있는 단어이다(4점). 칸트가 apprehension이라는 단어로 전하려는 의미와 각지의 사전적 의미는 너무 달라서 오역이 아니라고 말하기 힘들다(4점). 한국 사회에서 이 단어로 소통하는 것은 불가능해 보인다(4점).

$$각지 = \begin{pmatrix} 4 & 4 \\ 4 & 4 \end{pmatrix}$$

이와 같은 단어 위상으로는 도저히 번역어로 기능할 수 없다. 백종현은 '포착'으로 번역했다. 다양함 속에서 무엇인가를 찾아내서 붙잡는다는 의미로 그 의미가 명확하다(1점). 고등학생 정도면 충분히 알 수 있는 단어이다(2점). 칸트가 apprehension이라는 단어로 전하려는 의미와 포착의 사전적 의미를 비교할 때, 대체로 좋은 번역이며, 동일성 범위 안에 의미가 위치한다고 생각한다(1점). 다만, <명백한 증거를 포착하다>, <문제의 본질을 포착하다>, <적군 수십 명을 포착하다> 등등에서 볼 수 있듯이, 우리가 포착이라는 단어를 쓸 때에는 포착의 대상이 명확하고 분명하다. 그러나 아직 지성 시스템에 보내지지 않은 감각 데이터를 apprehension하는 것은 우리말의 포착의 의미만큼 강하지는 않다. 한편, '포착'이라는 단어로 의사소통하는 것은 어려운 일이 아니다(1점). 그렇다면 apprehension의 번역어로서 '포착'의 단어 위상은 다음과 같이 정리할 수 있을 것이다.

$$포착 = \begin{pmatrix} 1 & 2 \\ 1 & 1 \end{pmatrix}$$

이 정도의 단어 위상이라면 좋은 번역이다. 그러나 나는 '탐색'이라는 단어를 제안한다. Apprehension 다음에 이어지는 것이 synthesis 이다. 칸트는 경험 직관 내에 있는 다양함을 모으는 것을 synthesis of apprehension이라고 표현했다. 즉, 머릿속 다양한 표상 중에서 대상에 관한 것만을 찾는 행위만으로 apprehension의 의미를 이해하는 것이 바람직하고, 그렇다면 포착보다는 그 의미가 약화된 탐색이 더 적당한 것 같다. 우리 머릿속으로 들어온 감각 데이터 중에서 데이터 처리가 **필요한 데이터만을 탐색**한다는 의미이다. 탐색의 의미는 명확하다(1점). 이른 나이부터 컴퓨터 데이터를 공부하는 요즘 중학생도 아는 단어이다(1점). 출발 언어와 동일한 범위 안의 의미를 갖는 도착 언어이다(1점). 오해 가능성이 없고 소통에 매우 유리하다(0점). 그렇다면 apprehension의 번역어로서 '탐색'의 단어 위상은 다음과 같이 정리할 수 있을 것이다.

$$\text{탐색} = \begin{pmatrix} 1 & 1 \\ 1 & 0 \end{pmatrix}$$

포착에 비해 탐색의 단어 위상이 더 낮아졌다. 앞서 살펴본 각지에 비해 포착도 좋은 번역이다. 그러나 탐색이 더 좋은 번역이라는 것이다. 머릿속으로 감각 데이터가 들어오면, 우리 머리는 그런 데이터를 훑어보고, 지성의 처리가 필요한 표상만을 모은다. 그것을 **탐색의 종합**이라 부른다. 모든 감각 데이터가 지성 시스템으로 들어가는 것이 아니다. 탐색의 종합을 거쳐 취합된 감각 데이터만이 지성 시스템으로 전달된다. 지성 시스템으로 전달된 표상을 일컬어 감지perception라 한다.

Reproduction

복제냐

재
생
이
냐

<순수이성비판> A판의 초월적 연역에서 칸트의 생각을 인용해 본다. 굉장히 중요한 의미가 담긴 부분이다.

> 〈만약 개별 표상마다 다른 모든 표상과는 전적
> 으로 이질적, 말하자면 그런 표상들과 동떨어
> 져 분리되어 있다면, 인식 따위는 생기지 않을 것
> 이다. 왜냐하면 인식이란 표상들이 비교되고 연
> 결되어 이루어지는 전체이기 때문이다. 감각은
> 그 직관에서 다양함을 포함하고 있으니, 만약 내
> 가 감각에 줄거리가 있다고 한다면, 이 줄거리
> 는 항상 종합에 해당한다. 그리하여 수용성이 자
> 발성과 결합될 때 인식이 가능해지는 것이다〉[R]

칸트는 감각을 통해 머릿속으로 들어오는 것은 대상에 대한 모든 정보가 아니라, 그것의 synopsis, 즉 **줄거리**라고 설명한다. 예컨대 우리의 감각기관은 일상생활에서 무수히 많은 것을 동시에 혹은 순차적으로 본다. 그러나 그 모든 것이 머리에 들어오지 않고, 그중 극히 일부만이 머릿속으로 들어오고, 또 머릿속에 들어있는 다양함 속에서도 일부만이 압축돼서 처리될 뿐이다. 결국 우리는 **압축된 데이터만을 선별해서** 생각하는 것이다. '그 일부'가 바로 감각의 시놉시스(줄거리)이다. 다시 비유해서 말하자면, 인간은 한 편의 영화를 모두 보는 게 아니라, '시놉시스'만을 본다는 의미이다. 대상에 대한 정보가 있는 그대로 머릿속에 들어왔다면, 데이터를 변환하고, 연결하고, 하나로 만들고 하는 절차가 필요없을 것이다. 다시 이어지는 칸트의 문장을 보자.

〈이제 이러한 자발성이 모든 인식에서 반드시 발생하는 세 겹의 종합의 기초가 된다. 다시 말하면, 직관에서 머릿속 변환물인 표상들을 **탐색**하는 종합, 상상력에서 이들 표상을 **복제**하는 종합, 그리고 개념에서 그것들을 **인지**하는 종합이 그것이다. 이 세 가지 종합은 우리를 인식의 세 가지 주관적 원천으로 인도하고, 지성 자체를 가능하게 하며, 지성을 통해 모든 경험이 지성의 경험적 산물이 되도록 한다〉

지성에 속하는 상상력은 탐색하는 종합과 복제하는 종합을 실시한다. 탐색과 복제 절차가 선행해야만 비로소 우리 의식이 생각하고 판단한다. 칸트의 천재적인 발상을 나타내는 부분이기 때문에 매우 중요하고, 그 번역도 섬세해야 한다. 그런데 최재희는 이렇게 번역했다.

〈만일 하나의 표상이 다른 표상과 관계함이 없이 이를테면 고립해 있어서, 다른 표상에서 분리되어 있다면, 비교되고 연결된 표상들의 전체인바, '인식'이 전혀 발생하지 않을 것이다. 즉, 감관이 직관할 무렵에 그것은 다양성을 포함하기 때문에, 나는 그러한 감관에 개관작용을 부여한다. 이때의 개관작용에는 항상 종합작용이 대응한다. 수용성은 자발성과 결합해서만 인식을 가능하게 할 수 있는 것이다. 그런데 이 자발성은 모

괘씸한 철학번역

든 인식에 있어서 반드시 나타나는 세 겹의 종합의 기초이다. 즉 직관에 있어서의 심성의 변양으로서의 표상들의 각지, 구상에 있어서의 표상들의 재생, 개념에 있어서의 표상들의 재인의 기초이다. 이러한 종합은 인식의 세 가지 주관적인 원천으로 우리를 인도한다. 이 주관적인 인식 원천들이 오성까지도 가능하게 하고, 그런 까닭에 오성의 경험적 산물로서의 모든 경험을 가능하게 한다〉

백종현의 번역은 이러하다.

〈어느 경우든 만약 한 개별 표상이 다른 표상과 완전히 이질적이고, 말하자면 격리되어 이것과 분리되어 있다면, 결코 어떤 것이 비교되고 연결된 표상들의 전체의 인식으로 생겨날 수는 없을 터이다. 그러므로 만약 내가, 감각기능은 직관에서 잡다를 함유하는 것이기 때문에, 감각기능에 일람 작용을 부여하면, 이것에는 항상 종합작용에 대응하고, 수용성은 오로지 자발성과 결합해서만 인식을 가능하게 할 수 있는 것이다. 이것이 바로 모든 인식에서 필수적으로 나타나는 세 겹의 종합의 근거이다. 곧, 직관에서 마음의 변양인 표상들을 포착하는 종합, 그것들을 상상에서 재생하는 종합, 그리고 그것들을 개념에서 인지하는 종합의 근거이다. 이것들

괘씸한 철학번역

이 이제 주관의 세 인식 원천을 이끌고, 이 인식 원
천 자신이 지성을 가능하게 하고, 이것에 의해 지
성의 경험적 산물인 모든 경험을 가능하게 한다〉

이처럼 학자들은 reproduction을 '재생'으로 번역해 왔다. 옛 일본 학자
가 그렇게 번역했다. 그리고 우리가 습관적으로 계승했다. 재생은 '다시
살아남'이라는 뜻이 명확하다(1점). 중학생도 아는 단어다(1점). 출발 언
어인 칸트의 reproduction과 도착 언어인 재생 사이의 정합도가 문제
이다. 우리 지성은 두 가지로 표상을 처리한다. 기억 속에 보관되어 있
는 것을 다시 지성 시스템으로 불러 와서 처리하거나, 감성으로부터 실
시간으로 전달되는 표상을 처리하는 것이다. 재생이라는 번역은 전자의
경우를 이해하는 데 쓸모있을지도 모르겠다. 그러나 실시간으로 표상을
처리하는 인식 활동에는 적합하지 않다. 이미 표상으로서 재생되어 있
는 것을 또 다시 재생한다는 것은 언어 모순이기 때문이다(표상이란 '머
릿속에 있는 것'을 뜻한다). 그러므로 재생은 칸트의 reproduction과 유
사하지만 의미가 다르다(3점). 재생이라는 번역어가 그 단어에 대한 상
식적인 이해와 어긋나 있기 때문에, 칸트의 상상력 기능을 주제로 소통
하는 데 상당한 주석이 필요하다(2점). 그러므로 reproduction의 번역
어로서 '재생'의 단어 위상은 다음과 같이 정리할 수 있을 것이다.

$$재생 = \begin{pmatrix} 1 & 1 \\ 3 & 2 \end{pmatrix}$$

유비추론 기법으로 상상력의 기능을 이해한다면, 더 좋은 번역어를 찾
는 데 큰 도움을 얻는다. 생각은 감성 시스템에서 하는 것이 아니라 지성

시스템에서 하는 것이다. 감성 시스템은 생각의 재료를 머릿속으로 가져와서 그 재료를 지성이 처리할 수 있는 압축 형식으로 변환시킨 다음, 지성 시스템으로 그 데이터(감지 데이터)를 전달하는 역할을 한다. 지성 시스템에서 우리의 의식은 개념을 적용해서 감성이 전달한 데이터를 처리한다. 그것을 판단이라 한다. 그런데 **감성과 지성 사이의 통신**은 실시간으로 이루어질 수도 있지만, 비유하건대 녹화 방송 방식으로도 이루어질 수 있다. 즉, 우리는 머릿속 기억 보관소에 저장되어 있는 데이터를 지성 시스템으로 가져와서 생각할 수도 있고, 아니면 감성으로부터 실시간으로 전달받아 생각할 수도 있다. 방송의 비유를 하자면, 녹화 방송일 수도 있고, 생방송일 수도 있다. 어떤 방식이든지 상상력은 생각의 재료를 감성의 영역에서 지성 시스템으로 가져와야 한다. 그런 기능이 바로 reproduction이다. 이 두 가지 경우 모두에 적확하게 대응하는 번역어가 바로 '복제'이다. 실시간으로 복제되든 과거에 복제해 둔 것이든, 감성 시스템에서 탐색됐던 데이터는 지성 시스템 안으로 고스란히 복제돼야 한다. 그것을 일컬어 칸트는 **복제의 종합**이라 칭했다. 감성 시스템의 형식과 지성 시스템의 형식은 같지 않다. 감성 시스템은 공간과 시간이라는 직관이 지배하는 영역이며, 지성 시스템은 개념이 지배하는 영역이다. 감성은 데이터를 처리하지 않고 수용만 하기 때문에, 하여튼 데이터가 많다. 그 모든 데이터를 지성이 처리할 수 없다. 지성은 압축돼서 전달된 데이터만을 처리한다. 칸트는 이렇듯 감성 시스템과 지성 시스템을 완전히 분리해 놓은 다음, 상상력이 두 시스템을 매개하는 역할을 한다고 생각했다. 상상력의 복제는, 마치 컴퓨터 프로세서가 데이터를 처리하려면 그 데이터는 반드시 프로세서가 있는 시스템 안으로 복제돼야 하는 것과 같은 이치이다. 컴퓨터의 컴자도 없던 시절에 칸트는 용케도 이런 생각을 해냈다. 컴퓨터의 **코덱**Codec^S 기능이 바로 상상력의 기능이다. 배우지 않은 외국어를 생각해 보자. 외국어 문장이 감성을 통해 들어와도 머릿속에서 이해되지 않는 까닭은 무엇일까? 상상력이 작동하지 않기 때문이요, 즉 머릿속으로 들어온 외국어 문장을 탐색하지도 복제하지도 못해서, 그 문장을 지성 시스템 안으로 전달할 수 없기 때문이다. 감성으로부터 데이터를 복제하지 못한다면, 지성은 이처럼 무력하다.

복제는 그 의미가 명확한 단어이며(1점), 쉬운 단어이고(1점), 위와 같이 reproduction의 의미와 일치하며(0점), 의심의 여지가 없는 의사소통을 할 수 있다(0점). 그러므로 reproduction의 번역어로서 '복제'의 단어 위상은 다음과 같이 정리할 수 있을 것이다.

$$복제 = \begin{pmatrix} 1 & 1 \\ 0 & 0 \end{pmatrix}$$

나는 가끔 철학이 과학 기술의 발전에 결정적인 기여를 하는 모습을 연상할 때마다 경이로움을 느낀다. 20세기 인공지능의 개발과 발전에 기여했던 과학자와 개발자 면면을 나는 알 수 없다. 그러나 그들 중 누군가는 학창시절에 읽은 칸트의 <순수이성비판>에서 큰 영감을 얻었을 것이다. 물론 의미의 무덤이자 한국어의 묘비인 기존 우리말 <순수이성비판>에서는 가능하지 않은 일이다.

주석 R: 칸트, 〈순수이성비판〉, A97.

주석 S: Coder and Decoder의 줄임말로, 음성 또는 영상의 신호를
디지털 신호로 변환하는 코더Coder와 그 반대로 변환시켜 주는 디
코더Decoder를 통틀어 부르며, 하드웨어(예컨대 모뎀)일 수도 있
고, 소프트웨어일 수도 있다. 주로 후자이다. 20세기에는 아날로그
신호를 디지털 신호로 변환시켜 주는 장치로 개발되었다. 그러나 오
늘날에는 디지털 신호의 형식을 변환시켜 주는 소프트웨어를 지칭
한다. 코덱 기술을 이용하면 고용량의 미디어 파일을 획기적으로 줄
일 수 있어서 프로세서의 처리의 효율을 높여 준다. 어떤 영상이 A
라는 코덱으로 압축되어 저장되어 있는데, 컴퓨터에 A 코덱이 설치
되어 있지 않으면, 그 영상은 해당 컴퓨터에서 재생하지 못한다. 코
덱이 없으면, 데이터를 압축하지도 압축을 풀지도 못한다. 코덱 기
술을 이용한 미디어 파일은, 첫째 압축돼야 하고, 둘째 복제돼야 하
며, 셋째 압축을 풀어야 하는 과정을 거친다.

Schema

윤곽이냐

도
식
이
냐

괘씸한 철학번역

칸트의 철학 용어 schema를 옛 일본 학자가 図式이라고 번역했다. 한
국 학자들이 과연 그러하다면서 일본어를 음역하여 도식이라 칭했다.
도식은 애당초 의미가 모호한 단어이다(2점). 어떤 형태의 도식인지 눈
으로 확인해야 의미가 전해지기 때문이다. 고등학생 수준의 어휘이지
만(2점), 역시나 도식이라는 한자어에서는 어떤 그래프나 이미지 같은
의미가 연상된다. 그런데 칸트는 schema는 이미지가 아니라고 강조했
다. 다시 말하면 눈으로 확인해서 알 수 있는 의미의 단어는 아니라는 것
이다. 칸트는 <삼각형이라는 개념 일반에는 그 개념의 적합한 이미지가
없다. 왜냐하면 이 개념은 모든 삼각형에 타당할 것인데, 어떤 형상도 이
개념의 보편성에는 미치지 못하고, 언제나 이 개념의 일부에 그치기 때
문이다>라고 하면서, 삼각형이라는 개념의 schema는 그저 우리들 생
각 속에만 존재할 수 있다고 설명했다. 무슨 말일까? 도식은 우리가 눈
으로 볼 수 있는 그래프나 이미지를 뜻하는 단어인데, 칸트의 schema는
눈으로 볼 수 있는 그런 게 아니라고 한다. 그렇다면 출발 언어 schema
와 도착 언어 도식은 그 의미가 다름을 알 수 있다(3점). 의미가 다른 언
어로 철학적인 대화를 한다는 것은 상당히 혼란스러운 일이다(3점). 그
러므로 schema의 번역어로서 '도식'의 단어 위상은 다음과 같이 정리할
수 있을 것 같다.

$$도식 = \begin{pmatrix} 2 & 2 \\ 3 & 3 \end{pmatrix}$$

인간의 머릿속에는 수많은 경험 개념이 들어있다. 경험을 모두 제외하
면, 그 많던 개념이 사라진 자리에 12개의 원초적인 개념, 즉 순수 개념
만이 남는다. 그런 순수 개념을 일컬어 칸트는 범주라 칭했다. 이 범주는
인간의 머릿속에서 과연 어떤 역할을 하는 것일까? 칸트는 그 역할을 일

괴씸한 철학번역

컬어 schema라고 표현했다. 범주는 머릿속으로 들어온 대상들에 의미를 부여한다. 하지만 그림처럼 시각적으로 명료한 의미를 부여하는 것은 아니다. 의미의 **실루엣**silhouette만을 제시한다는 것이다. 그런 의미의 단어가 우리 한국어에는 없기 때문에 도식이었던 것일까? 하지만 우리말에 그런 단어가 있다. 윤곽이다. 흥미롭게도 도식의 의미를 설명할 때 사용하는 단어가 윤곽이다. 그렇다는 것은 도식보다 윤곽이 의미적으로 더 명확하다는 뜻이 되겠다(1점). 사물의 테두리나 대강의 모습이라는 뜻으로 고등학생 정도면 알 만한 단어이다(2점). 그런데 칸트가 말하려는 개념의 기능이 바로 윤곽이다. 출발 언어와 도착 언어가 의미적으로 동일한 범위 안에 있다(1점). 의사소통에 어려움이 없다(1점). 그러므로 schema의 번역어로서 '윤곽'의 단어 위상은 다음과 같다.

$$\text{윤곽} = \begin{pmatrix} 1 & 2 \\ 1 & 1 \end{pmatrix}$$

한국의 철학자들이 일본어 번역의 족쇄를 끊어내기만 하면 아주 쉽게 찾을 수 있는 단어가 바로 윤곽이다. 조금만 노력하면 바로 찾아낼 수 있는 단어이다. 삼각형이라는 개념은 우리 머릿속에 있다. 그것은 삼각형의 윤곽을 제시한다. 우리는 큰 집에 들어가서 크다고 느끼고, 작은 집에 들어가서는 좁다고 느낀다. 큰 집과 작은 집을 비교하는 방법을 누가 가르쳐 주지 않더라도, 크기라는 개념의 윤곽을 통해 바로 비교해서 어느 쪽이 큰지 알 수 있다. 왜냐하면 인간의 머릿속에는 크기에 대한 개념의 schema가 선천적으로 구비되어 있기 때문이다. 양의 범주는 크기의 윤곽을, 질의 범주는 세기의 윤곽을 갖는다. 관계의 범주는 시간 순서의 윤곽을, 즉 우리는 무엇이 시간에 앞서고 무엇이 시간이 뒤처지는지, 그래서 무엇이 원인이고 무엇이 결과인지, 무엇이 변화하며 무엇이 변화하

괘씸한 철학번역

지 않는지 그 대강을 구별할 수 있다는 것이다. 그런 개념의 윤곽이 바로 schema이다. 그럼에도 schema를 도식이라고 번역하는 것은 정말이지 바보의 고집이다.

Noumenon

사유물이냐

예
지
체
냐

괘씸한 철학번역

Noumenon은 칸트 철학을 대표하는 단어 중 하나이다. 지성이 감각의 한계를 벗어나, 즉 현상을 벗어나, ① 사물 그 자체의 본질이 이러하다거나 저러하다고 스스로 생각해 내는 것과, ② 지성이 관념속에서 생각해 내는 것을 일컬어 **누메논**noumenon이라 한다. ①은 흔히 '물자체'로 칭해지는 현상과 비교되는 누메논이요, ②는 직관을 거치지 않으므로 현상이 없고 순전히 인간 정신이 생각해 낸 누메논이다. 칸트는 ①번을 적극적 의미의 누메논이라 하여 전혀 인정하지 않으며(즉, 사물 그 자체에 관한 지식은 결코 얻을 수 없다. 우리는 감각을 통해 우리 머릿속으로 들어온 사물에 대한 데이터에서 비롯된 지식만을 얻는다. 그것을 현상이라 한다. 다시 말하면 인간은 현상에 대한 지식만을 얻을 따름이다), ②번은 소극적 의미의 누메논이라 칭하면서 문제적이라면서도 감성의 한계 개념으로 인정한다. ①번은 '사물 그 자체'를 지칭하며, ②번은 예컨대 '신', '자유', '내세(영혼의 불멸성)' 같은 사유물을 뜻한다. 어느 쪽이든 인간의 **생각 속에서 만들어진 사물**이다.

일본에서 그것을 仮象体라 번역했다. 근래에는 叡智体라 번역한다. 한국 학자들의 일본 번역 존중은 그 유래가 매우 깊다. 최재희는 가상체로 음역했고, 백종현은 예지체로 번역했다. 두 분 모두 독일어 원전을 번역했다고 하지만(정말이지 그러함을 의심치 않는다), 중요한 단어는 이렇듯 일본의 한자어 번역에 따른다. 가상체에서 헛된 것이라는 의미는 전해진다(1점). 한자가 좀 다르지만 가상현실 같은 단어도 있으니 고등학생 수준이라면 충분히 짐작 가능한 어휘다(2점). 그런데 칸트는 과연 noumenon을 거짓이라고만 여겼을까? 그렇지 않다. 만약 칸트가 noumenon이 거짓이라고 단정했다면 우선 칸트의 도덕철학이 붕괴된다. 예컨대 누메논 중 하나인 '자유'는 칸트 도덕철학을 기초 짓는 핵심 개념이며, 신이나 내세도 윤리학의 완전성을 위해 있을 것으로 상정되기 때문이다. 사악한 범죄를 일삼으면서 부귀영화를 누린 자가 아무 일 없이 죽기만 한다면, 선한 행동을 강조하기는 어려울 것이다. 이런 점만으로도 가상체는 오역이다(4점). 칸트는 자신의 초월철학이 머릿속 현상의 객관적 실체를 인정한다는 점에서 회의주의와 다름을 지속적으로 강조했다. 그러므로 가상이라는 단어는 전적으로 타당하지 않다. 또한 중대한 오역으로 만들어진 단어로 소통하는 것은 있을 수 없다(4점). 그러므로 noumenon의 번역어로서 '가상체'의 단어 위상은 다음과 같다.

$$가상체 = \begin{pmatrix} 1 & 2 \\ 4 & 4 \end{pmatrix}$$

예지체는 그 단어 자체의 의미를 모르겠다(4점). 사전을 찾아 보면 그 단어의 의미를 알 수 있고, 문맥을 통해서도 의미를 파악할 수 있겠으나, noumenon이라는 번역어로 사용된 문맥에서는 평범한 한국인이 예지체의 의미를 명확히 파악하는 일은 불가능해 보인다. 전문가 수준의 어휘력을 갖고 있어야 한다(4점). Noumenon의 본래의 의미와 예지체의 의미가 동일성의 범위 안에 있다고 인정하더라도(1점). 모르는 단어로 어떻게 소통이 가능하단 말인가? 상상해 보라. 칸트 전공자 사이의 이너서클에 속하지도 않았다면, 지식인조차 예지체라는 난해한 단어로 철학적 대화를 하는 것은 불가능해 보인다(4점). 그러므로 noumenon의 번역어로서 '예지체'의 단어 위상은 다음과 같다.

$$예지체 = \begin{pmatrix} 4 & 4 \\ 1 & 4 \end{pmatrix}$$

평범한 사람들의 소통을 무시하고 학자가 함부로 멋을 부린 단어로 번

괴쌈한 철학번역

역하면 안 된다. 칸트는 그런 식으로 한국인에게 자신의 철학이 은폐되는 것을 바라지 않았을 것이다. Noumenon의 본질은 '사유물'이다. 심지어 고대 그리스어의 어원에서도 그런 뜻이다. 인간의 머릿속에 있는 것이지, 머릿속 바깥의 사물을 뜻하는 게 아니다. 하지만 사람들은 자신의 사유물이 사물 그 자체에 관한 지식으로, 혹은 초경험적인 존재에 관한 지식으로 오해하곤 한다. 사유물은 머릿속에서 생각한 사물이라는 뜻으로 그 의미가 명확하다(1점). 고등학생 수준이라면 자연스럽게 사용할 수 있는 단어이다(2점). noumenon의 본질을 적절히 표현한 우리말이다(1점). 완벽하지는 않겠으나, 칸트가 말하려는 메시지를 쉽고 적확하게 전달할 수 있으니 의사소통에 매우 유리한 단어이다(1점). 그러므로 noumenon의 번역어로서 '사유물'의 단어 위상은 다음과 같다.

$$사유물 = \begin{pmatrix} 1 & 2 \\ 1 & 1 \end{pmatrix}$$

위와 같은 내용을 종합적으로 감안해 보면, 지성이 머릿속에서 경험의 도움 없이 스스로 만들어 낸 것이라는 의미로, '사유물'로 번역하는 것이 죽은 칸트에게도 합당하고 평범한 독자들에게도 이로운 일이다.

에필로그

지금까지 평범한 수학 지식을 이용해서 우리말로 번역된 서양 철학 용어를 분석하고 검증해 봤다. 모든 용어를 낱낱이 살펴본 것은 아니지만, 이 나라에서 철학이 어려웠던 까닭은 우리말이 아닌 일본어로 철학을 하기 때문이라는 사실만큼은 확인할 수 있었다. 메이지 시대의 단어들이 서양 철학의 핵심을 제대로 이해한 번역어도 아니었다. 한국인이 한국어로 철학을 하는 게 아니라, 한글로 음역된 일본어로 철학을 공부하니 머릿속으로 지식이 들어올 리 없다. 그런데 그 일본어라는 것도 일본어 회화 공부를 통해 쉽게 얻을 수 있는 평범한 일본어가 아니라, 백여 년 전에 인공적으로 발명된 낡은 단어여서 학문의 증진에도, 지식의 공유에도, 문화 교류와 상업 교역에도 쓸모가 없다. 그런 일본어에 묶여 있으면서도 '관례적으로' 공부하고 암기하고 있으니 얼마나 한심한 일인가. 철학은 언어 활동이다. 학자들이 영어로, 독일어로, 프랑스어로 철학 논문을 쓰는 일은 직업 활동이므로 아무래도 좋다. 그러나 한국인을 상대로 지식을 전하고 뭔가를 가르치고 자기 생각을 표현한다면, 한국어를 사용해야 한다. 한자 지식이 좀 있다고 해서 옛 일본 스승들이 남긴 저작의 단어들을 음독해서 기계처럼 반복하는 일은 이제 그만두고, 평범한 한국인들이 어떤 언어를 사용하며, 어떤 언어 문화를 갖고 있고, 그 언어가 어떤 의미로 소통되는지 관심을 갖기 바란다. 만약 앞으로도, 지금까지 그래 왔던 것처럼, 일본어로 철학을 지속한다면 이 나라에서 철학의 미래는 없을 것이다. 그렇다면 인문학은 사상누각에 불과하다. 그러나 만약 철학자들이 일본어의 족쇄를 끊고 평범한 한국어로 철학하기 시작한다면, 그 한국어로 철학을 공부한 젊은 세대 중에서 틀림없이 인류의 존경을 받는 세계적인 사상가가 나타날 것이다. 그렇게 되기를 희망한다.

서양 철학은 단순하고 명쾌한 언어, 그리고 그런 언어로 만들어진 확실한 논리에 기반한다. 문장 하나하나가 심오하고 복잡하고 난해하지는 않다. 언어를 이해하는 데 서양 사람들이라고 해서 탁월한 이해력을 갖고 있는 것도 아니다. 만약 서양 철학이 본래 난해했다면 후대에 전승되지 못했을 것이다. 그럼에도 한국인들에게 서양 철학은 어려웠다. 한국인이 일본어로 지식 공부를 하니 그럴 수밖에 없었음을 우리는 알게 되었다. 칸트의 <순수이성비판>은 분량이 많아서 독자의 인내심이 필요하지만, 아주 난해한 책은 아니었다. 누군가는 사전 지식이 있어야만 그 책을 제대로 읽을 수 있다고 말한다. 전혀 그렇지 않았다. 칸트가 친절하게도, 지치지도 않으면서, 자세히 반복 설명해 주기 때문에, 사전 지식이 없어도 이해하는 데 큰 어려움은 없었다. 21세기를 살아가는 우리들은 정말이지 역사상 가장 똑똑한 인류이다. 지식의 양만을 단순히 감안한다면, 지구에 머물다 갔던 어떤 철학자보다 더 많은 지식을 갖고 있으니, 18세기 저작을 읽기에 충분한 사전 지식을 우리는 이미 지니고 있는 셈이다. 어려움은 칸트 철학 자체가 아니었다. 칸트 철학을 일본어 단어로 번역해서 설명한 한국어 문장이었다. 번역이 평범한 한국어였다면 그렇게 고생스럽지 않았을 것이다.

칸트는 인간 머리의 권능으로서 sensitivity, understanding, reason이라는 세 가지 요소를 제시했다. 서양 사람들이라면 철자 자체가 워낙 다른 이 세 가지의 단어를 구별하는 데 어려움이 없을 것이고, 설령 어려움이 있더라도 전문가의 조언을 조금 듣는 것만으로 해결될 수 있을 것이다. 그러나 의미의 간격을 함부로 없애는 옛 일본 학자의 특별한 재주 탓에 감성, 오성, 이성으로 번역됐다. 그 결과 우리 한국인은 감성을 전혀 다른 의미의 감정emotion과 헷갈리게 됐으며, 오성과 이성의 차이가 무엇이며, 각각의 고유한 역할이 무엇인지 연상할 수 없게 되었다. 감성은 **감수성**이다. 데이터를 머릿속으로 받아들이는 역할을 하는 것이다. 오성은 요즘 지성이라는 단어로 교체되고 있지만, 생각을 담당하는 **지능**을 뜻한다. 인공지능의 그 지능이다. 감성이 전달해 준 데이터를 이해하고 판단하는 일을 한다. 감수성에서 지능까지 하나의 과정을 거치는 일을 **경험**이라고 한다. 우리 머릿속 기억 보관소에는 아주 많은 경험 데이터가 있다. 그러므로 우리는 우리의 머릿속을 검색하거나 탐색한다. 그래서 지금 생각에서 과거의 생각을 추리하여 서로 연결할 수도 있다. 그런 **추리**reasoning를 일컬어 이성reason이라고 한다. 그런데 인간의 머릿속에는 실로 많은 것이 있다. 경험 데이터도 있지만, 그 경험 데이터를 이쪽이냐 저쪽이냐로 잘 정리해 주는 인류 공통의 **형식**도 있다. 그걸 순수 개념이라고 한다. 각자의 경험을 넘어서, 즉 경험이 많든 적든, 경험과 무관하게 누구나 갖고 있기 때문에 '**순수**'라는 단어를 쓴다. 그런 형식들이 이성의 추리에 관여함으로써 신이니 영이니 영생이니 하는 생각조차 인간이 해내는 것이다. 그런데 이런 생각은 실제로는 경험할 수 없고 경험으로 검증할 수도 없으니, 참된 지식이 되지는 못한다. 의견은 가질 수 있다. 그러나 진리는 아니다. 다시 말하면 알 수 없다. 인간 인성은 경험 데이터가 있어야만 진리를 탐구할 수 있지만, 경험 데이터가 있더라도 대상 그 자체는 알 수 없는 일이니, 이렇듯 진리 탐구에 관해서 인간 이성은 무기력하다. 그렇다면 인간 이성은 알 수 없는 것을 아는 척할 게 아니라, 경험이 안전하게 보호해 주는 지식의 영역에서 활동을 하되, 그럼에도 어째서 이런 무기력한 이성이 인간에게 주어졌는지를 생각하면서, 이성의 사명이란 이론이 아닌 실천에 있음을 지각해야 한다.

몇몇 철학 용어의 교정은 다음 세대의 몫인 것 같

괘씸한 철학번역

다. 교정이 필요함에도 불구하고, 오랜 세월 퇴적된 오류인 만큼, 교정에도 시간이 걸릴 것 같기 때문이다. 언젠가 이 나라에서 세계적인 철학자들이 나타나 낡은 단어들을 청산해 주기를 희망한다. 그런 희망을 위해서라도 우리 세대는 우리 세대의 할 일을 하자.

독서가를 위해